JN322658

丸暗記不要の
英文法

関 正生 *Masao Seki*

研究社

Copyright © 2015 by Masao Seki

丸暗記不要の英文法

PRINTED IN JAPAN

はじめに

　いつの頃からか、「英文法の勉強」と言えば、「惑星には the を付ける」とか「may as well は熟語だから訳し方を覚える」とか「分詞構文には5つの訳し方がある」といった、丸暗記作業に成り下がってしまいました。大量の試験問題を消化するために、英文法の勉強がまるで「一問一答形式のクイズ」と化してしまっているのが現状です。

　そこで、本書は「英文法の核心を理解する」というコンセプトで、英文法を論理的に、かつ徹底的に解説します。

　本書で扱う問題数は多くはありませんが、その分、厳選した問題を使い、「英文法の疑問」に関して、読者のみなさんの納得がいくまで、わかりやすく答えるように心掛けました。

　付け焼き刃で「丸暗記」した英文法は、いずれ「丸忘れ」します。

　本書ではそれとはまったく対極の、鮮烈に記憶に残る「英文法の真髄」を解説していきます。

　この方法は、一見遠回りに思えるかもしれませんが、さまざまな入試問題、特に難関大学が出題する応用問題で威力を発揮するでしょう。無味乾燥な丸暗記の勉強に疑問を感じていたり、一生懸命に勉強したつもりでも伸び悩んでいる高校生・受験生にこそ、ぜひ読んでほしいと思います。

　本書で学ぶ知識は、大学入試の文法・語法問題の難問や長文読解でも強い効果を発揮すると考えます。また、大学入学後の学問や資格試験対策や、大学卒業後の仕事や趣味で英語を使う際にも、ぜひお役立ていただけましたらうれしいです。

　本書『丸暗記不要の英文法』で本当の英語の姿を知ってください。それはみなさんが想像するよりはるかに美しく、楽しい世界です。

2015年4月

関　正生

目 次

はじめに　　　iii
本書の使い方　　　vii

■ 第1章　冠詞と名詞　　1
「定冠詞」の基本的用法　　2
「可算名詞」と冠詞の関係　　5
「不可算名詞」の感覚をつかむ　　8

■ 第2章　助動詞　　11
will と shall の本当の意味　　12
may の核心をとらえる　　15
まぎらわしい〈助動詞＋have＋過去分詞〉を整理する！（基礎編）　　18
まぎらわしい〈助動詞＋have＋過去分詞〉を整理する！（発展編）　　22

■ 第3章　時制・仮定法　　25
「現在形」が持つ本当の意味　　26
「進行形」に隠された本当の意味　　29
「仮定法」を使う際の気持ち　　32

■ 第4章　準動詞　　35
「to 不定詞」の本質を理解する　　36
「動名詞」に潜むイメージ　　40
「分詞構文」のやさしい攻略法　　44

■ 第5章　比　較　　49
「比較」の核心——"as～as ..."は「同じくらい」ではない！？　　50

"no 比較級 than ..." が伝える意味は？　54
やっかいな「比較構文」を整理する　57
Couldn't be better. の意味は？　60

■ 第6章　形容詞・副詞　63
「接尾辞」-able の真髄に迫る　64
形容詞を並べる順番は？　68
「頻度を表わす副詞」の位置は？　71
almost =「ほとんど」でいいのか？　74
形容詞・副詞を修飾する「数字をともなう名詞」の位置　77

■ 第7章　疑問文・否定文・命令文　81
「否定疑問文」の正しい答え方　82
not を使わない「否定表現」　85
「命令文」の本質に迫る　89

■ 第8章　そのほかの文法事項　93
「受動態」を使う本当の意図は？　94
誤りやすい you の使い方　98
「There is 構文」の仕組み　101
the other と another の使い分け　104
「不定代名詞」を攻略する　107
英文解釈に不可欠な「品詞」の知識　111

■ 第9章　「型」から攻める動詞の語法　113
「tell 型」の動詞　114
「say 型」の動詞　117
「rob 型」の動詞と of の関係　120
「give 型」の動詞　124
「take 型」の動詞　127
「thank 型」の動詞と for の関係　131

「persuade 型」の動詞と into / out of の関係　135
「prevent 型」の動詞と from の関係　138
「provide 型」の動詞と with の関係　141
「think 型」の動詞　144
「suggest 型」の動詞と仮定法現在　147
「regard 型」の動詞と as の関係　151

■ 第 10 章　SVOC の語法　155
「使役動詞」の語法を攻略する　156
奥が深い「知覚動詞」の語法　159
「使役もどき」の動詞の語法　162
〈S + V 人 to ～〉の語法　166

■ 第 11 章　そのほかの動詞の語法　169
まぎらわしい「自動詞と他動詞」　170
「言う」を表わす動詞を区別しよう　173
「貸す」「借りる」を表わす動詞を区別しよう　176
「似合う」を表わす動詞を区別しよう　180
「願う」を表わす動詞を区別しよう　183
「思いつく」を表わす動詞の区別と strike の語法　186
「責める」を表わす動詞の区別と charge の語法　189
「疑う」を表わす動詞　193
「勝つ」を表わす動詞を区別しよう　196
「感謝する」を表わす動詞を区別しよう　199
大学入試で問われる search　202
訳語では理解できない動詞　205

おわりに　210

本書の使い方

大学入試に頻出する文法事項を59項目厳選しました（全11章）。

各文法事項を効果的に使った著名人の名言や映画の名ぜりふを紹介しました。生きた英語のキレのよさを学びましょう。

will と shall の本当の意味

本章では、「助動詞の核心」に迫ります。助動詞は話し手の気持ちを表わす時に大活躍してくれます。本セクションでは、will と shall の使い方を学習します。
たとえば、I **won't** see her anymore. は、「もう彼には絶対会わないぞ！」という強い気持ちを表わし、will の正しい用法を知らないと本当の意味がわかりません。相手の気持ちを読み取るにも、自分の気持ちを伝えるにも助動詞の知識は欠かせないのです！

■「～でしょう」でよいのか？

中学校で最初に will が登場すると、未来を表わして「～でしょう」という意味になると、弱々しいイメージで教えられます。さらに高校では「習慣・拒絶の意味もある」と習うことがよくあります。

(-_-;) 《従来の丸暗記型英文法が定義する will》
① 意志 「～するつもりである」
② 推量 「～でしょう」
③ 習慣 「～する習慣がある」
④ 拒絶 （否定文で）「絶対に～しない」

そもそも、英語のネイティブが上に挙げたような will の意味を全部暗記して、使い分けているとは思えません。

■ will は **超パワフル**

will は「100 パーセント～する」や「必ず～する」といった意味があり、きわめて強力な単語なのです！「will はパワフル」というキーフレーズを覚えておいてください。こんな説明を聞くのははじめてだという人も多いと思います。でも、基本はこれだけで十分なのです。では、それが本当かどうかを証明してみましょう。手元の辞書で「名詞の will」を引いてみると、次のような語義が並んでいます。

will【名詞】1. 意志　2. 決意　3. 命令　4. 遺言

一見して強い意味ばかりです。異色な感じのする「遺書」にも強さが込められているのです。「遺産を皆で仲良く適当に分けましょう」では、遺書になりません。故人の「こうしてくれ！」という意志が入ってこそ遺書になるのです。この強さが名詞に限らず、助動詞の will にも共通してあるのです。will を理解するカギはこの点にあり、それですべて解決します。

I'll be back.（必ず戻ってくる）── Arnold Schwarzenegger
　●映画 The Terminator（『ターミネーター』）より

アーノルド・シュワルツェネッガーが演じるターミネーターが言った名ぜりふで、「絶対に戻ってくる」という強い意志を感じますね。そのほかの用法についても、「will はパワフル」というキーフレーズがあてはまります。

推量：「～でしょう」
参考書などでは、未来を表わす will の意味を「～でしょう」と説明しているが、本当は「きっと～する」という強い意味で解釈すればよい。He **will** come here. なら「ヤツは絶対に来る」といった感じ。

習慣：「～する習慣がある」
My mother **will** talk for hours, if you let her.「ほおっておくと、母は必ず何時間もしゃべる」→「しゃべる習慣がある」ということ。

拒絶：「絶対に～しない」
「必ず～する」を否定文にすると「絶対に～しない」になることから、The door **won't** open. は「ドアがどうしても開かない」の意味になる。

さらに、will が過去形の would になっても同じです。大学入試にも、次のような問題が頻出します。

【問題】次の英文のカッコ内に入る適語を選びなさい。
Robert was so mad that he (　　) not speak with anyone during the game.
1. should　　2. would　　3. might　　4. ought

vii

従来の丸暗記型英文法による定義をまとめました。それをまずご確認ください。

重要事項は枠で囲んでまとめました。ここは何度も目を通してください。

大学入試問題の傾向を徹底的に分析し、各文法事項が問われるセンター試験のほか、オリジナル問題を多数ご用意しました。まず、問題を解いていただき、そのあとの解説をよく読んでください。正解を見るのは最後にしてください。

第1章

冠詞と名詞

◎ 「定冠詞」の基本的用法

◎ 「可算名詞」と冠詞の関係

◎ 「不可算名詞」の感覚をつかむ

「定冠詞」の基本的用法

■ 定冠詞に関する疑問が氷解！

まず、最初のセクションでは、「定冠詞 the の正しい使い方」を学習します。the という、たった 1 つの単語に、どれだけ多くの日本人が翻弄されてきたのでしょうか？

しかし、ネイティブにとって **the はとっても便利な単語**です。だからこそ、よく使われるのです。まずは、従来の丸暗記型の the の説明を見てみましょう。

(-_-;)《従来の丸暗記型英文法が定義する the》

- 1 回目に出てきた名詞に a を付け、2 回目に出てきたものには the を使う
- 以下の the の用法を覚える
  ① 惑星には the を用いる　　② 最上級には the を用いる
  ③ 楽器には the を用いる　　④ the を使った慣用表現がある

中学 1 年の時、このように教わったと思います。ところが同じ中 1 のうちに、1 回目にいきなり the が来る Open ***the*** door. を習い、私は混乱してしまいました。同じような思いをした人もいるかもしれませんが、とりあえずその時教わった説明は、すべて忘れてください。

■ みんなで指差せれば the を使う！

the の考え方は「**共通認識**」です。あなたと私（その場にいる全員）で、共通に認識できるものに the を使います。みんなで「せ〜のっ」と言って同じものを指差せる時に the を使うのです。

> Yet *the* earth does move. (それでも、地球は動いている) —— Galileo Galilei

イタリアの物理・天文学者ガリレオ・ガリレイの有名な言葉にある earth には、the が付いています（原文はイタリア語）。従来の参考書には「惑星には the を付ける」と書いてあったりしますが、そんな意味不明なことを暗記する必要はあり

ません。
　the はみんなで指差せる時に使うのです。earth は共通認識できますよね。「地球」と言えば、どれを指しているか誰にでもわかります。まちがっても「どの地球？」なんて言う人はいません。
　同じように、sun（太陽）と moon（月）にも the が付きます。「太陽はどれですか？ せ〜のっ･･･」で、そこにいる全員が一斉に太陽を指差せるからです。だから the が付きます。
　では star（星）はどうでしょう？ 必ず the が付くとは限りません。星はたくさんあるので a star の時もあります。もちろん、どの星を指すか共通認識できる時（たとえば星が１つしか出ていない時）は全員で指差せるので the star になります。

■ ネイティブの感覚で the を使おう！

　とにかく「共通認識できれば the を使う」と考えてください。簡単な英文で確認してみましょう。

Open *the* door, please.（ドアを開けて）

　たとえば部屋にドアが１つしかない時に「ドアを開けて」と言われたら、どのドアのことかわかりますね。共通認識できますよね。だから、いきなり the が付いて、the door になるのです。

Mt. Fuji is *the* highest mountain in Japan.（富士山は日本でいちばん高い山だ）

　「最上級には the が付く」と教わったと思います。「日本でいちばん高い山」と言えば、当然みんなで共通に認識できます。だから、最上級には the が付くのです。
　ほかにも、「クラスで２番目に背が高い人」や、「教室を出た最後の人」といったことも、共通認識できる（つまり、１人に決まる）わけです。よって、序数（the first, the second ..., the last）には the が付きます。

She plays *the* piano very well.（彼女は上手にピアノをひく）

　「楽器には the が付く」と説明されたと思います。これも共通認識で解決できます。
　まずは、頭の中で車を思い浮かべてみてください。カラーの映像で鮮明に。さて、何色でした？ どんな形でした？ 車の色も形もみんなバラバラに想像すると思

います。つまり、共通認識できない。car（車）には必ず the が付くとは限らないのです。

今度は頭の中でピアノを思い浮かべてください。形はみんな同じ、色も黒ですよね。楽器は色も形も共通認識できるのです。

（※ギターは今でこそいろいろな色や形がありますが、もともとはフォークギターが主流で、色も形も共通認識できるものでした。）

■ the の知識で、定型表現も丸暗記しなくていい！

Do you have *the* time?

この会話の決まり文句を知っていますか？「今、何時ですか？」という意味です（What time is it? よりもていねいな聞き方です）。この文を丸暗記する必要はありません。

まず、the がない Do you have time? は「時間ある？／今ヒマ？」という意味ですよね。ところが Do you have *the* time? には the が付いています。the と言えば、もちろん「共通認識」です。つまり the time は「あなたと私で共通に認識できる時間」ということです。「みんなで共通に認識できる時間」⇒「（今この瞬間に）共有している時間」⇒「現時刻」という意味なのです！

したがって、Do you have *the* time? で「**現時刻**（the time）を**持って**（have）いますか？　持っていたら教えてください」⇒「今、何時ですか？」という意味になるわけです。

いかがでしたでしょうか？
このように英文法は、その核心をつかむと、驚くほどシンプルで筋が通っています。核心をつかまないと、「the の 5 つの用法」などといったように、無味乾燥な丸暗記を強要されてしまうわけです（そしてこの「the のさまざまな用法」は「例外」の連発です）。

ガリレオの名言の英訳にも正しい the の使い方が確認できる、そこに英文法が生きていると実感していただけたらうれしいです。本書では、このように、実際に世界中の人びとに共感されている英文を使いつつ、もちろん大学受験の入試問題も解きながら、みなさんに新感覚の英文法を体感していただきたいと思います。

「可算名詞」と冠詞の関係

　本セクションでは、「可算名詞」について解説します。名詞は大きく「可算名詞（数えられる名詞）」と「不可算名詞（数えられない名詞）」の2つに分けられます。ただし、同じ単語でも意味によって「可算」になったり「不可算」になったりすることがあります。
　まずは、可算名詞とはどんなものか見ていきましょう。「数えられる名詞」と聞くと、なんとなく簡単に思えるかもしれませんが、実はかなり奥が深く、そして日本語の感覚ではとらえにくい、英語らしさが反映された品詞なのです。
　では、早速、次の問題を解いてみてください。以下、正解と問題文の和訳は、各項目の末尾に出します。

【問題1】次の英文のカッコ内に入る最も適切な語句を選びなさい。
　He had (　　) for dessert.
　1. some pineapples　　2. some pineapple　　3. a pineapple

　学校の授業で学んだ「可算名詞には a (an) が必要」というルールにしたがって、3 を選んでしまった人はいませんか？　この場合、3 は不自然な解答なのです。

■ a pineapple と pineapple は大違い
　可算名詞には、明確なルールがあります。このルールを覚えておくことで、英語という言葉の特徴の1つがしっかりと理解できるようになります。

《ネイティブが持つ可算名詞の感覚》

冠詞（a・an・the）／所有格（my など）／複数の -s が付く ⇒【具体的なイメージ】
★ただし、これらのいずれも付かない（裸で使用）⇒【量】または【目的・習慣】となり「不可算名詞」の扱いになる。

　「冠詞、所有格、複数の -s」が付くと、【具体的なイメージ】が連想される、というのが英語のネイティブの感覚です。たとえば、a pineapple なら、「1個のパ

イナップル」、pineapples なら、「複数のパイナップル」が思い浮かびます。これがもし、a も the も、複数の -s も付かない（「裸で使用」と表現）pineapple の場合、【量】を表わします。【量】とは、「パイナップルジュース」だったり、「（フルーツ盛り合わせの中にある）カットされた状態のパイナップル」のことです。

では、問題をもう1度見てみます。3. a pineapple は「パイナップル丸ごと1個」、1. some pineapples にいたっては「パイナップル複数個」を食べたことになります。これではお腹をこわしてしまいますね。当然、正解は明確な形を示さない、カットされたパイナップルを意味する **2. の some pineapple** になります。

ちなみに、旅客機の客室乗務員が食事のメニューを聞く際に機内で使う、"Chicken or fish?" にも a や the は付きません。あくまで「チキンや魚の一部」を料理したものだからです。もし a chicken にしてしまうと、「（形がはっきりした）ニワトリを丸ごと1羽」という意味になってしまいます。

《正解・和訳》2. some pineapple
　　　　　　　彼はデザートにパイナップルを食べた。

■ school は「学校」とは限らない!?
さて、「裸で使用する」場合の【目的・習慣】の例も確認しておきましょう。「私は学校へ行く」は、I go to school. と習ったはずです。でもよく考えてみると、school は「可算名詞」で「2つの高校に合格した」とか「近所に3つ学校がある」のように使えます。本来は「可算名詞」なのに、この場合の school には a も the も、複数の -s も付きません。実はこれが【目的・習慣】の用法だったのです。

school を裸で使うことで「学校の目的」、つまり「勉強、授業」という意味が明確になります。I go to school. の school は、決して「学校（の校舎）」という建物ではなく、本来の目的を指しているのです。正確に訳せば「（昨日も、今日も、明日も）私は勉強しに行きます」となります（「昨日も、今日も、明日も」という解釈は、『『現在形』が持つ本当の意味」[26ページ]で説明します）。ただし、「勉強以外の目的（部活動など）で学校に行く場合」や「保護者が学校に行く場合」などには、a school や the school のように冠詞が必要になります。

go to bed（寝る）も、同じ考え方です。本来 bed は「可算名詞」ですが、冠詞が付かず、複数形にもなっていないということは、bed が「ベッド」という家具ではなく、「ベッドの目的」、つまり「睡眠」を意味しているのです。

このように、中学生の時に暗記した熟語は「裸で使用」⇒【目的・習慣】という考え方で説明がつきます。また、have breakfast[lunch/dinner] のように

breakfast, lunch, dinner に冠詞が付かないのは、「食事」が【習慣】であるためです。

■ 冠詞の有無に注意を払う習慣をつける

英語を習い始めた頃、「school ＝学校」と覚えましたが、school は本来「勉強」という意味で、それに冠詞を付けて a school とすることではじめて、具体的な「学校（の校舎）」になったと解釈することもできます。冠詞にはこうした具体性を示す力があるのです。

では最後に大学入試の問題で、このセクションで学んだことを再確認しておきましょう。今まで冠詞の有無を意識してこなかった受験生には難問だったはずです。

【問題2】次の英文のカッコ内に入る適語を選びなさい。
I saw he had (　) on his shirt. It looks like he had fried eggs this morning.
1. a few eggs　　2. an egg　　3. some egg　　4. some eggs

---

egg を裸で使用することで、卵の【量】を表わすことができる **3. の some egg**（卵の黄身）**が正解**です。ほかの選択肢では、1.「2，3個の卵」、2.「1個の卵」、4.「複数の卵」ですから、卵そのものがシャツについている不自然きわまりない意味になってしまい、いずれも不正解です。

《正解・和訳》3. some egg

彼はシャツに卵の黄身がついていた。今朝は目玉焼きを食べたようだ。

身近な存在でありながら、本来の用法を教わることの少なかった名詞と冠詞の関係が理解できましたか？　冠詞の有無で名詞の意味が大きく変わるので、日頃から注意を払うようにしてください。

「不可算名詞」の感覚をつかむ

　前のセクションで「可算名詞」を取り上げましたが、ここでは「不可算名詞（数えられない名詞）」の用法を見ていきましょう。
　日本語の名詞は、何でも数えることができます。たとえば、「1個、2冊、3枚、4本、5台、6人、7匹、8羽、9頭、10着…」とさまざまな数え方があります。ゆえに、英語を学習する時にネックとなるのが「不可算名詞」の扱いです。「名詞なのになぜ数えられないのか」という疑問をいだきながらも、ひたすら特定の名詞を丸暗記した経験のある人も多いはずです。

(-_-;)《従来の丸暗記型による不可算名詞の例》

> 不可算名詞はすべて覚える。主なものとして……
> information（情報）/ news（ニュース）/ advice（助言）/ work（仕事）/ homework（宿題）/ baggage・luggage（荷物）/ furniture（家具）
> ※ work は「作品」の意味の時は「可算名詞」扱い。

■ 同じ名詞にも「可算」と「不可算」がある

　「名詞」はそもそも「apple は数えられる、kindness は数えられない」のように、個々に区別できるものではありません。あくまで「可算名詞／不可算名詞として使われる傾向が強い」という「傾向」はあるものの、ほとんどの名詞には「可算」と「不可算」両方の用法があります。
　前のセクションで説明したとおり、pineapple も、a pineapple とすれば「可算名詞」の用法になり、「具体的なイメージ」として「まるまる1個のパイナップル」が思い浮かびます。しかし、冠詞が付かない pineapple は、形がはっきりしない「不可算名詞」の扱いになり、「パイナップルジュース」や「（カットフルーツとしての）パイナップル」を指します。
　kindness も「親切」という行為自体は目に見えない（見えるのはあくまで優しい「人間」）ので、「不可算名詞」として使われる傾向が強いといえます（辞書では通例「不可算名詞」が先に載っているはずです）。しかし、a kindness は「1つの親切な行為」で、話し手の頭の中に具体的なイメージが出来上がっているため可算名詞扱いになります。Will you do me a kindness? は「1つお願いがあるので

すが」という意味になります。したがって、a kindness や many kindnesses を見て「どうして、kindness が数えられるんだ！」と悲嘆する必要はなく、a kindness は「具体的に1つの親切な行為」、many kindnesses なら「たくさんの親切な行為」と解釈できれば十分なのです。

■ 形が想像できるかがカギ

英語の名詞のほとんどに、可算と不可算両方の用法がある以上、白黒はっきりさせる必要のある入試問題には不向きなわけです。つまり、大学側が問題として出題できるのは「雨が降ろうが、やりが降ろうが、何があっても不可算名詞としてしか使わない」わずかばかりの名詞に限られるのです。逆に言えば、それらをしっかり覚えてしまえば、入試問題の不可算名詞は征服できたも同然です。

不可算名詞の基本ルールは、「具体的な形がイメージできない場合は数えない」です。次の3つの分類方法でより詳しく解説してみましょう。

《不可算名詞の分類方法》

① 目に見えない　　② 切っても OK　　③ 元から「ひとまとめ」

■「目に見えない」ものは数えない

「見えない」ものは当然、「具体的な形がイメージできない」ので数えません。以下が代表的なものです。

情報系：information（情報）/ news（ニュース）/ advice（助言） 仕事系：work（仕事）/ homework（宿題）/ housework（家事）

英語のネイティブは、work や homework を「目に見えないもの」という発想でとらえているのです。あくまで「働く人間」や「問題集」が見えるのであって、「仕事」や「宿題」そのものは見えないのです。

■「切っても OK」なものは数えない

「切っても OK」とは、下記の単語のように、切っても、砕いても、ちぎっても、折っても、どんな形にしようと、その本質が変わらないものを指します。

water（水）/ sugar（砂糖）/ bread（パン）/ chalk（チョーク）

この場合も「具体的な形がイメージできない」ので数えません。チョークは折ってもチョークです。だから数えられません。ところが、pen（ペン）の場合は、折ったら価値がなくなってしまうので、a pen のように可算名詞扱いになります。前述した work も同様の考え方で理解できます。「仕事」の場合は目に見えないから「数えない」となりますが、「作品」は、たとえば、絵などをビリビリに破いたら本来の価値がなくなってしまうので「数える」となります。「切っても OK ⇒数えない」というルールに合致していますね。裏返せば「切ったらダメ」なものは「数える」ということになります。

■ 元から「ひとまとめ」になっているものは数えない

baggage, luggage（手荷物一式）/ furniture（家具一式）/ mail（郵便物一式）

　baggage を辞書で引くと不可算名詞として「手荷物」と定義されていますが、本当は「手荷物**一式**」という意味です。その証拠に英英辞典には baggage = bag**s**, suitcase**s** と出ています。だから baggage に a や複数の -s を付けません。「手荷物一式」はバッグや箱など、さまざまなものが想定できるので、baggage は「具体的な形がイメージできない」単語なのです。つまり元々「ひとまとめ」になっている名詞は、数えられません。

　furniture も、furniture = chairs + tables + beds + ... なので「家具一式」を指し、数えられません。mail（郵便物一式）も同様です。

　最後に入試問題で確認してみましょう。

【問題】次の英文のカッコ内に入る適語を選びなさい。
I am afraid we don't have (　　) in stock in the garage.
1. many furnitures　　　　2. many furniture
3. much furnitures　　　　4. much furniture

　many は「可算名詞」に、much は「不可算名詞」に付きます。

《正解・和訳》4. much furniture
　　　倉庫には家具の在庫がたくさんないかもしれない。

第2章

助動詞

◎ will と shall の本当の意味

◎ may の核心をとらえる

◎ まぎらわしい〈助動詞 + have + 過去分詞〉を整理する！（基礎編）

◎ まぎらわしい〈助動詞 + have + 過去分詞〉を整理する！（発展編）

will と shall の本当の意味

　本章では、「助動詞の核心」に迫ります。助動詞は話し手の気持ちを表わす時に大活躍してくれます。本セクションでは、will と shall の使い方を学習します。
　たとえば、I **won't** see her anymore. は、「もうあの娘には絶対会わないぞ！」という強い気持ちを表わし、will の正しい用法を知らないと、その「強さ」がわかりません。相手の気持ちを読み取るにも、自分の気持ちを伝えるにも助動詞の知識は欠かせないのです！

■「～でしょう」でよいのか？
　中学校で最初に will が登場すると、未来を表わして「～でしょう」という意味であると、弱々しいイメージで教えられます。さらに高校では「習慣・拒絶の意味もある」と習うことがよくあります。

(-_-;)《従来の丸暗記型英文法が定義する will》

① 意志「～するつもりである」
② 推量「～でしょう」
③ 習慣「～する習慣がある」
④ 拒絶（否定文で）「絶対に～しない」

　そもそも、英語のネイティブが上に挙げたような will の意味を全部暗記して、使い分けているとは思えません。

■ will は「超パワフル」
　will は「100 パーセント～する」や「必ず～する」といった意味があり、きわめて強力な単語なのです！「will はパワフル」というキーフレーズを覚えておいてください。こんな説明を聞くのははじめてだという人も多いと思います。でも、基本はこれだけで十分なのです。では、それが本当なのかどうか証明してみましょう。手元の辞書で「名詞の will」を引いてみると、次のような語義が並んでいます。

will【名詞】1. 意志　2. 決意　3. 命令　4. 遺言

一見して強い意味ばかりです。異色な感じのする「遺書」にも強さが込められているのです。「遺産を皆で仲良く適当に分けましょう」では、遺書になりません。故人の「こうしてくれ！」という意志が入ってこそ遺書になるのです。この強さが名詞に限らず、助動詞の will にも共通してあるのです。will を理解するカギはこの点にあり、それですべて解決できます。

I'll be back.（必ず戻ってくる）── **Arnold Schwarzenegger**
※映画 *The Terminator*（『ターミネーター』）より

アーノルド・シュワルツェネッガーが演じるターミネーターが言った名ぜりふで、「絶対に戻ってくる」という強い意志を感じますね。そのほかの用法についても、「will はパワフル」というキーフレーズがあてはまります。

推量：「〜でしょう」
参考書などでは、未来を表わす will の意味を「〜でしょう」と説明しているが、本当は「きっと〜する」という強い意味で解釈すればよい。He *will* come here. なら「ヤツは絶対に来る」といった感じ。

習慣：「〜する習慣がある」
My mother *will* talk for hours, if you let her.「ほおっておくと、母は必ず何時間でもしゃべる」⇒「しゃべる習慣がある」ということ。

拒絶：「絶対に〜しない」
「必ず〜する」を否定文にすると「絶対に〜しない」になることから、The door *won't* open. は「ドアがどうしても開かない」の意味になる。

さらに、will が過去形の would になっても同じです。大学入試にも、次のような問題が頻出します。

【問題】次の英文のカッコ内に入る適語を選びなさい。
　Robert was so mad that he (　　) not speak with anyone during the game.
　1. should　　2. would　　3. might　　4. ought

《正解・和訳》2. would

ロバートはとても怒っていたので、試合の最中、誰とも口をきこうとしなかった。

■ shall は「運命・神の意志」

つづいて will とよく似た shall について説明します。現代英語では Shall I ～ ? / Shall we ～ ?（～しましょうか？）という決まり文句以外、shall はあまり使われません。しばしば「shall は will より強い意味がある」のように教えられますが、本当の意味は、ある事柄が決定済みで自分の意志では変更できない、言い換えれば「運命・神の意志」と呼べるものなのです。

> I *shall* return.（何があっても必ず戻ってくる）——**Douglas MacArthur**

第二次世界大戦中、日本軍に追われて、やむなくフィリピンを脱出した駐留米軍司令官ダグラス・マッカーサーが残した有名な言葉です。この shall は「ここに戻ってくるのは、運命で決まっている。神の意志だ。だから必ず･･･」という will よりも強い意味を含んでいます。先ほどのターミネーターの場合とは発想が違います（もっとも、ロボットは神を信じないから shall を使わないのでしょうが･･･）。

ちなみに、***Shall*** I open it?（それを開けましょうか？）や ***Shall*** we go for a drive?（ドライブ行きませんか？）といったように、Shall I ～ ? / Shall we ～ ? =「～しましょうか？」と機械的に暗記しているかもしれませんが、これも「～するのは運命でしょうか？」⇒「運命ならば～したほうがいいのでしょうか？」⇒「～しましょうか？」という流れで理解できます。

いかがでしたか？ このように、英文法の核心をつかむと無駄な暗記が激減するだけでなく、英語の本質が見えてきますね。**「will は超パワフル」「shall は運命・神の意志」**、たったこれだけです！

may の核心をとらえる

　本セクションでは、助動詞 may の核心に迫ります。

■「〜かもしれない」でよいのか？
　may の意味は「〜かもしれない」と学んだと思いますが、「かも」という日本語だけを覚えても、may の真の意味はとらえられません。その理由は、日本語の「かも」は確率の幅がとても広いからです。
　たとえば、どんよりした雨雲を見ながら「雨降る**かも**」と言えば8割くらいの確率でしょうか。一方、彼女にフラれてしまい、落ち込んでいる友だちに「別の出会いがある**かも**しれないよ」と、なぐさめる場合の「かも」は、実際にはずっと可能性が低いかもしれません。
　日本語ではしばしば「空気を読む」ことが求められるので、相手が使った「かも」の確率が一体、何割程度なのかを「察する」必要があります。
　では、英語の世界で may はどんな感覚で使われているのでしょうか？　まずは従来の説明を確認してみましょう。

(-_-;)《従来の丸暗記型英文法が定義する may》

① 許可「〜してもよい」
② 推量「〜かもしれない」

これを暗記しても、may がどの程度の可能性を持っているのかはっきりしません。

■ 決め手は「50%」
　ズバリ、may を理解するためのキーワードは「50%」です！　オススメ度が50%の時に「〜してもよい」という意味になり、予想的中度が50%なら「〜かもしれない」という意味になるのです。

許可：「〜してもよい」　☆オススメ度「50%」
You *may* eat this cake if you want to.（食べたいなら、このケーキを食べてもいいよ）

この例文はオススメ度が50%なので、「食べても食べなくてもOK」という、多少投げやりな含みがある。

推量：「～かもしれない」　☆予想的中度「50%」

It *may* rain tomorrow.（明日は雨かもしれない）

雨が降るか降らないか、半々の確率だと思った時に使う。mayを「50%」という感覚で理解すれば、例文のニュアンスが感じ取れると思う。

■ well が付くと「可能性がアップ」！
　次に、may の応用として、may well という熟語について解説しましょう。

(-_-;)《従来の丸暗記型英文法が定義する may well》

① 許可「～するのももっともだ」
② 推量「きっと～だろう」

　この may well という熟語についても、may が持つ「50%」というイメージが理解できていれば丸暗記は不要です。まず well は「十分に、よく、すごく」という意味の副詞です。I know her well. ＝「彼女をよく知っている」で、well には強調の働きがあります。
　よって、may well も well が「may を強調」しているだけで、真新しいものではありません。"may + well = may + α" というイメージです。may の「50%」に「プラス・アルファ」として 20～30%が追加されているわけです。

　仮に訳し方を「すごく may」としましょう。may には「許可」と「推量」の2つの意味があるので、may well にも訳し方が2つあります。まず、許可「～してもよい」+ well は、「すごく～してよろしい」⇒「～するのももっともだ」となります。**オススメ度70～80%**の感覚です。大学入試でも、次のような問題が出題されています。

【問題】次の日本文と同じ意味になるように、英文の語句を適切に並べ替えなさい。
「彼が先週受けた試験の結果を心配するのも無理はない」
He [be / well / worried / about / may] the result of the test he took last week.

同様に、推量「〜かもしれない」＋ well も、「すごく〜するかもしれない」⇒「きっと〜だろう」となります。**70〜80％の予想的中度**です。半々でどっちにも転ばない may に、well が付いて予想的中度がパワーアップしていますね。It **may well** rain tomorrow.（明日はきっと雨かもしれない）は、降水確率が 70〜80％程度の時に使います。しかし、日本語の「かも」だけでは、It **may** rain tomorrow. と It **may well** rain tomorrow. の意味の違いが明確につかめません。空気を読んで相手の意図を察する日本語に対し、英語でははっきりと違いを伝えないといけません。それが英米人の思考です。

《正解》He [may well be worried about] the result of the test he took last week.

■ 形は過去形でも意味は現在

最後は might です。「might は may の過去形」と考えがちですが、might を過去形として使うことはほとんどありません。実は might は may とほとんど同じ意味で使われます。強いて違いを説明すれば、might を含めて助動詞の過去形は「仮定法」として使われる場合が圧倒的に多く、might にも「もしかしたら」という仮定の気持ちがこもっています。「もしその気なら〜してもよい」や「もしかしたら〜かもしれない」という意味で「あくまでひょっとしたらだけど···」というニュアンスを持ち、「may より弱い」助動詞です。度合いとしては **30〜40％** とされていますが、may と区別することなく使われていることもよくあります。

次のサッカー選手のインタビュー談話にある might の用法に注目してください。

"It *might* be my last chance to go to the quarterfinals," the midfielder said. "I'm going to go all out."（「もしかしたら、僕が準々決勝に行く最後のチャンスかもしれない。全力を尽くします」とそのミッドフィールダーは述べた）

このサッカー選手は may でも may well でもなく、might を使っているので、準々決勝に行くのが最後のチャンスになる可能性はそんなに高くないと考えられます。

では最後にポイントをまとめておきましょう。

◆ may　　　　⇒ 50％のオススメ度／予想的中度
◆ may well　 ⇒ 70〜80％のオススメ度／予想的中度
◆ might　　　⇒ 30〜40％のオススメ度／予想的中度

まぎらわしい〈助動詞＋ have ＋過去分詞〉を整理する！（基礎編）

〈助動詞＋ have ＋過去分詞〉という形は大学入試超頻出事項です。しかも「基礎的な問題ばかり」といわれるセンター試験でも、かなりむずかしい問題が何度も出題されています。では、まず基礎的な入試問題を解いてみましょう。

次の英文のカッコ内に入る適語を選びなさい。

【問題1】
"What's that song you're listening to?"
"You don't know? It's 'Yesterday' by the Beatles. You (　　) it before!"
1. hadn't heard　　2. might hear
3. must've heard　4. shouldn't hear

（平成12年度センター試験）

【問題2】
"No one was prepared for Professor Hill's questions."
"I guess we (　　) the lesson last night."
1. could read　　　2. ought to read
3. read　　　　　　4. should have read

（平成6年度センター試験）

【問題3】
"Where is the report I asked for?"
"That should (　　) care of by Jack last week."
1. be taken　　2. be taking　　3. have been taken　　4. take

（平成21年度センター試験追試験）

■「推量」と「後悔（嫌味）」のグループに分ける

〈助動詞＋ have ＋過去分詞〉の形になるのは、全部で6パターンありますが、まずは大きく2つのグループに分けて考えましょう。

推量	① may have ＋過去分詞 ≒ might have ＋過去分詞（〜だったかもしれない）
	② must have ＋過去分詞（〜だったに違いない）
	③ can't have ＋過去分詞 ≒ couldn't have ＋過去分詞（〜だったはずがない）
後悔 (嫌味)	④ should have ＋過去分詞（〜すべきだったのに［後悔・嫌味］、〜したはずだ［推量］）
	⑤ ought to have ＋過去分詞（〜すべきだったのに［後悔・嫌味］、〜したはずだ［推量］）
	⑥ need not have ＋過去分詞（〜する必要はなかったのに）

■「過去に向けた推量」グループ 「（過去に）〜だったと、（今）推量する」

> ① **may have ＋過去分詞**（〜だったかもしれない）≒ **might have ＋過去分詞**
>   He *may have missed* the train.（彼は電車に乗り遅れたのかもしれない）
> ② **must have ＋過去分詞**（〜だったに違いない）
>   He *must have been* an actor when he was young.（彼は若い時はきっと俳優だったに違いない）
> ③ **can't have ＋過去分詞**（〜だったはずがない）≒ **couldn't have ＋過去分詞**
>   The girl *can't have told* a lie.（その娘がウソをついたはずがない）

　よく勘違いしてしまう人が多いのですが、〈must have ＋過去分詞〉を「しなければいけなかった」とか、〈can't have ＋過去分詞〉を「できなかった」のように訳さないでください。どちらも「現在の推量（mustは「違いない」、can'tは「はずがない」）」を表わしています。
　また、〈might have ＋過去分詞〉と〈couldn't have ＋過去分詞〉については、かなりむずかしいので次のセクションで説明します。

■「過去に対する後悔（嫌味）」グループ

> ④ **should have ＋過去分詞**（〜すべきだったのに、〜したはずだ［推量］）
> ⑤ **ought to have ＋過去分詞**（〜すべきだったのに、〜したはずだ［推量］）
>   You *should have seen* a doctor earlier.（もっと早く医者に診てもらえばよかったのに）
>
> 【否定】
> **should not have ＋過去分詞**（〜すべきじゃなかったのに） ※嫌味
> ＝ **ought *not* to have ＋過去分詞** ※ notの位置に注意（to不定詞の直前）

He *ought not to have said* such a thing to her.（彼は彼女にそんなこと言わなきゃよかったのに）

⑥ **need not have ＋過去分詞**（〜する必要はなかったのに）
You *need not have come* here.（来る必要はなかったのに）

〈should have ＋過去分詞〉は「〜すべきだったのに」という意味になります。従来から「過去に対する後悔」を表わすと説明されています。それで十分ではありますが、「嫌味」という観点も取り入れると、よりイメージがはっきりすると思います。「〜すべきだったのに（バカだなあ）」という感じです（必ずしも嫌味ったらしくなるわけではなく、あくまでイメージです）。さらに、〈should have ＋過去分詞〉＝〈ought to have ＋過去分詞〉と考えてかまいません。

ただし、この2つには「〜すべきだったのに」という「後悔・嫌味」以外に、「〜したはずだ」という「過去に向けた推量」の意味もあります（2つのグループを股にかけるわけです）。ただし、どちらも「後悔・嫌味」で使われることがほとんどなので、まずは「後悔・嫌味」として考えるクセをつけてください。

ここで冒頭の問題を考えてみましょう。
【問題1】の**正解は、3. must've heard** で「聞いたことがあるに違いない」という意味になります。このように、must have がくっついて must've になることは決して珍しいことではありませんので、しっかりチェックしておいてください。また、よくあるミスが、2. might hear を選んでしまうことですが、これは might を「過去（〜かもしれなかった）」と勘違いしてしまうのが原因です。もうみなさんは大丈夫ですよね。
【問題2】の**正解は、4. should have read** で、「読むべきだったのに」という意味になります。
【問題3】は応用問題です。**正解は、3. have been taken** です。〈should have ＋過去分詞〉ですから、まずは「〜すべきだったのに」と考えますが、ここでは「レポートはどこにある？」という問いに対して「ジャックが処理するべきだったのに」では話が噛み合いません（たとえば、「今週はレポートが忙しくて何もできない」と言う人に対して、「先週やるべきだったのに」なら文脈に合いますね）。
そこでこの場合は「推量」と考えて、〈should have ＋過去分詞〉を「〜したはずだ」と解釈すればいいわけです。
このように、〈助動詞＋ have ＋過去分詞〉では、「**まず2つのグループに分け**

て整理する」「推量の意味に注意する」「〈should have ＋過去分詞〉/〈ought to have ＋過去分詞〉だけは２つのグループにまたがる」という３点をしっかり意識することが重要です。

《正解・和訳》
【問題１】 3. must've heard
「君が聞いている歌は何ていう曲？」「知らないの？　ビートルズの "Yesterday" という曲だよ。きっと前に聞いたことがあるはずだよ！」

【問題２】 4. should have read
「誰もヒル教授の質問に用意してなかったね」「昨夜に講義内容を読んでおけばよかったね」

【問題３】 3. have been taken
「頼んでおいたレポートはどこにある？」「先週ジャックが処理したはずです」

まぎらわしい〈助動詞 + have + 過去分詞〉を整理する！（発展編）

　本セクションでは、〈助動詞 + have + 過去分詞〉の超難問を取り上げます。ただし、超難問といってもセンター試験でも数回出題されています。さらには大学入試の長文、日常の会話など、あらゆる場面で使われます。

【問題1】
"I don't see Tom. I wonder why he's late."
"Well, he (　) his train, or maybe he overslept."
1. might have missed　　　　2. might miss
3. should have missed　　　4. should miss

（平成11年度センター試験）

【問題2】
"I saw Mr. Yamada at Shinjuku Station this morning."
"You (　) have. He's still on vacation in Hawaii."
1. couldn't　　2. didn't　　3. might　　4. should

（平成8年度センター試験）

■ やっかいな might と could

　さて、前のセクションで、〈助動詞 + have + 過去分詞〉を2つのグループに分けて解説しました。

「過去に向けた推量」グループは以下の3つでしたね。

① **may have** + 過去分詞（～だったかもしれない）≒ might have + 過去分詞
② **must have** + 過去分詞（～だったに違いない）
③ **can't have** + 過去分詞（～だったはずがない）≒ couldn't have + 過去分詞

「過去に対する後悔（嫌味）」グループは以下の3つでした。

④ **should have** + 過去分詞（～すべきだったのに、～したはずだ［推量］）
⑤ **ought to have** + 過去分詞（～すべきだったのに、～したはずだ［推量］）
⑥ **need not have** + 過去分詞（～する必要はなかったのに）

この中で、①〈may have ＋過去分詞〉は、〈might have ＋過去分詞〉と、③〈can't have ＋過去分詞〉は〈couldn't have ＋過去分詞〉と、ほぼ同じ意味になる、というのが本セクションの大事なポイントです。
　17ページで解説したように、may ≒ might ですから、その論理でいけば、〈may have ＋過去分詞〉≒〈might have ＋過去分詞〉になります。また助動詞 could には「現在の推量（もしかしたら～だろう）」を表わす意味があります。

　これは多くの人にとって、まぎらわしい上に、きちんと説明される機会がないため、相当むずかしく感じられます。問題の解説を読みながらしっかりチェックしていきましょう。

　【問題1】の正解は、**1. might have missed** です。これは may have missed と同じように考えて「（もしかしたら）乗り遅れたのかもしれない」と解釈すればいいのです。言うまでもなく、2. might miss では「（もしかしたら、これから）乗り遅れるかもしれない」となってしまい文脈に合いませんね。
　【問題2】の正解は **1. couldn't** で、文全体は You ***couldn't*** have. となります。では have のあとには何が省略されているでしょうか？　前に出てきた動詞の要素は saw Mr. Yamada at ～の部分ですから、You ***couldn't have*** (***seen*** him at Shinjuku Station this morning). と考えられますね。〈couldn't have ＋過去分詞〉≒〈can't have ＋過去分詞〉（～だったはずがない）でしたね。

《正解・和訳》
【問題1】　1. **might have missed**
　　　　　「トムを見ないね。なんで遅刻しているのかしら」「う～ん、もしかしたら電車に間に合わなかったのかもしれない。あるいは寝坊かも」
【問題2】　1. **couldn't**
　　　　　「今朝、新宿駅で山田さんを見たよ」「そんなはずないよ。彼はまだ休暇中でハワイにいるからね」

■ 仮定法との区別
　ちなみに、この〈couldn't have ＋過去分詞〉という形は「仮定法（過去完了）」にもなりえます。もし仮定法と解釈すれば「（仮の話だけど）彼を見かけなかっただろうね（実際には見かけた）」となり、明らかに文脈に合いませんね。ですからこの〈couldn't have ＋過去分詞〉は、まちがっても「仮定法」ではなく「推量」

ということになります。

　この判別方法は「意味」によるものだけです。これだと不安に感じる人もいるかもしれませんが、推量の場合は「したはずがない」と「現実の話」をしているのに対して、仮定法の場合は「仮の話」をしており、正反対の内容になりますから、どっちが文脈に合うか判断するのは、むずかしくありません。大事なことは「2通りの解釈がある」ということを頭の中に入れておくことです。

　最後に、この〈助動詞＋ have ＋過去分詞〉を表にまとめてみます。今すぐこの表が必要となることはないかもしれませんが、むずかしい〈助動詞＋ have ＋過去分詞〉の理解が問われる下線部和訳の問題などの対策で重宝すると思います。

〈助動詞 ＋ have ＋過去分詞〉の判別

助動詞＋ have ＋過去分詞	仮定法	過去に向けた推量	過去に対する後悔（嫌味）
would have ＋過去分詞	◎	×	×
couldn't have ＋過去分詞	◎	◎ ＝ can't have ＋過去分詞	×
might have ＋過去分詞	○	○ ＝ may have ＋過去分詞	×
should have ＋過去分詞	△	○	◎

※記号の説明
◎ 大変よく使われる　　○ よく使われる
△ めったに使われない　× 存在しない

第3章

時制・仮定法

◎ 「現在形」が持つ本当の意味

◎ 「進行形」に隠された本当の意味

◎ 「仮定法」を使う際の気持ち

「現在形」が持つ本当の意味

　本セクションでは、「時制」の中でも重要な働きをする「現在形」の使い方を解説します。まずは、次の2つの文を読んでみてください。

(a) 女の子に告白したら、フラれた。
(b) 女の子に告白すると、フラれる。

　まず、(a)は「告白**した**、フラ**れた**」と、「過去形」になっています。「過去形」は「過去の1回きりの出来事」を表わします。つまり、「(たまたま) 1回フラれた」という事実を伝えている文です。
　それに対して、(b)は「告白**する**と、フラ**れる**」という「現在形」です。この「現在形」にはどのようなメッセージが含まれているのでしょうか？

■「今日も、昨日も、明日も」
　現在形は「現在」という言葉にとらわれているとうまく理解できません。現在形は、現在のみならず、「昨日も起きたこと、明日も起きること」に使われるのです。これからは「**現在形＝現在・過去・未来形**」という視点で考えるようにしましょう。先ほどの「女の子に告白すると、フラれる」という文が意味するところは「(今日も、昨日も、明日も) 告白するたびに、いつもフラれる」ということです。時制1つで、文章の意味はガラリと変わります。そしてこの「違い」は、英語にも同様にあてはまるのです。

■ 文法書の解説を言い換えると
　高校の英語の授業では、現在形といえば「習慣・不変の真理を表わす」などと教えられたと思います。

　　　　　　　(-_-;)《従来の丸暗記型英文法が定義する現在形》
　① I *go* to school. ⇒ 「習慣」を表わす用法
　② The sun *rises* in the East. ⇒ 「不変の真理」を表わす用法

しかし、このようなルールを暗記するより、「現在形＝現在・過去・未来形」ととらえることで、「現在形」の真の姿が見えてきます。I *go* to school. は、「私は（今日も、昨日も、明日も）学校へ行きます」ということから、現在形の go が使われています。もちろん休む日もありますが、「現在・過去・未来すべてに起こること」です。同じ内容のことを、従来の文法書では「現在形で習慣を表わす」と説明しているだけなのです。
　The sun *rises* in the East. も「太陽は（今日も、昨日も、明日も）東から昇る」ということです。文法書では「不変の真理」と説明されますが、やはり「現在形＝現在・過去・未来形」と考えることで、具体的なイメージがわくはずです。

> I *walk* slowly, but I never *walk* backward. （歩みこそ遅いが、私は決して後戻りすることはない）── Abraham Lincoln

　アメリカ第 16 代大統領エイブラハム・リンカーンの言葉に使われた walk も現在形ですから、「（今日も、昨日も、明日も）ゆっくり歩くが、（今日も、昨日も、明日も）後戻りをすることはない」という意味になります。現在形の持つニュアンスが理解できましたか？

■ **仕事の種類をたずねる慣用表現**
　英会話の教本によく登場する表現に、What *do* you do?（仕事は何ですか？）があります。直訳すると「何をするのですか？」の意味になりますが、これがなぜ職業をたずねる質問になるのでしょうか？
　What *do* you do? の最初の do は「現在形」です。「現在形＝現在・過去・未来形」という点からいうと、「あなたは（今日も、昨日も、明日も）何をしますか？」となります。これが転じて、仕事の種類をたずねる慣用表現になるのです。

　さて、2002 年の作品で、カンヌ映画祭で最高賞のパルムドールを受賞した *The Pianist*（『戦場のピアニスト』）という映画があります。その作品の中で、敵方のナチスの兵隊に見つかってしまった主人公のユダヤ人ピアニストが、ピアニストとしての自覚を取り戻すクライマックスのシーンで、What *do* you do? とたずねられ、I'm a pianist. と答える短い会話があります。
　このように丸暗記をしないで、理論を踏まえて覚えた英文法は、日常会話のさまざまな場面で応用できるのです。
　ここでちょっと復習です。第 1 章の「『定冠詞』の基本的用法」（2 ページ）で「the は共通認識」という話をしました。原題の *The Pianist* も「例のあの、誰もが共通

に認識できるピアニスト」という意味で使われています。the の用法を再確認しておきましょう。

話を本題に戻します。かつてセンター試験で以下の英文が出題されたことがあります。

> What do you do for fun? Do you ever go fishing?
> (趣味は何ですか？　釣りをすることはありますか？)
>
> （昭和 64 年度センター試験追試験）

最後の for fun に注目してください。
「あなたは（今日も、昨日も、明日も）**楽しむために**何をしますか？」⇒「趣味は何ですか？」となります。「楽しい仕事は何？」といった滅茶苦茶な解釈をしないように注意してください。さらに **Do** you ever go fishing? は「現在形」なので、「（今日も、昨日も、明日も）釣りをすることはありますか？」と聞いているわけです。

■「確定した未来」が意味するものは？

英文法の参考書には、しばしば現在形の特殊用法として「確定した未来には現在形を使う」というむずかしい説明があり、The train ***arrives*** at seven.（列車は7時に着きます）といった例文が示されています。

しかし、これも arrives という「現在形」に注目すれば、「（今日も、昨日も、明日も）その列車は7時に着く」を意味する文であることがわかるはずです。これが、「確定した未来」と言い換えられているだけなのです。「習慣・不変の真理・確定した未来」という、なんとなくはっきりしない説明を丸暗記するのではなく、**「現在形＝現在・過去・未来形」**だけを頭に入れておけば万全です！

「進行形」に隠された本当の意味

　本セクションでは、「進行形」をテーマに解説します。「現在進行形」は中学1年生で学習するため、単純な文法と思われがちです。ところが、高校に入ると例外として面倒な用法をたくさん覚えさせられたはずです。たとえば、「He is dying. は、『彼は死んでいる』と訳さず、『彼は死にかかっている』と訳す」や「resemble（似ている）は進行形にできない」など、です。そこで、英語のネイティブが進行形に対して持っている感覚をわかりやすく解説し、その真の姿に迫ります。

(-_-;)《従来の丸暗記型英文法が定義する進行形》

```
基本：進行形 = be + ~ing で、意味は「～している」
注意点①：die の進行形の場合
　　　　　He is dying.
　　　　　×）「彼は死んでいる」
　　　　　◎）「彼は死にかかっている」
注意点②：「現在進行形」は近い未来を表わす
　　　　　They are marrying next week.（あの2人は来週結婚する予定です）
注意点③：「進行形にできない動詞」もある
　　　　　例）love / belong to / resemble
注意点④：「意味によって進行形にできる動詞」もある
　　　　　例）have は「持つ」の意味では進行形不可、「食べる」の意味では進行形可。
```

■ キーワードは「～している途中」

　進行形の「核心」をつかむことができれば、従来の文法書に記載されている個々の注意点や例外を機械的に暗記する必要はなくなります。本書では進行形を「～している**途中**だ」という視点で考えてみることにします。I *am reading* a book now.（私は今、本を読んでいるところだ）を「本を読んでいる途中だ」と解釈してみましょう。この「途中」という概念を理解するのがポイントです。途中とは、動作が現在の時点で進行していて、目的地に向かっているといった感じです。

《進行形の「核心」》

「〜している途中だ」⇒「(その動作の1点に向かって) 徐々に進行している」

　先ほどの注意点①で挙げた He *is dying*. も、「動作の1点に向かって徐々に進行している」という感覚でとらえると、「死にかかっている」というニュアンスがはっきりするのではないでしょうか？　つまり、「die（という動作の1点）に向かって、徐々に進行している」⇒「死に向かっている」⇒「死にかかっている」という流れです。

■ 将来の「予定」も表わせる理由
　「動作の1点に向かって徐々に進行している」という考え方にしたがえば、文法書に載っている「現在進行形は、近い未来を表わす」という、何をもって「近い」とするのかあいまいな説明も、容易に理解できるはずです。
　They *are marrying* next week. では、「marry という1点に向かって徐々に進行している」⇒「結婚する予定だ」になるわけです。進行形を使うことで、結婚の準備が進んでいる様子を表現しているのです。式場を決めて、ドレスを選んで、いよいよやってくる人生の一大イベントへのカウントダウンの「途中」にいることが伝わってきます。つまり、目的に向かってスタートを切り、今はその「途中」にいる状況で使われる用法なのです。結婚に向かって、さまざまなステップを踏んでいるカップルが、手帳に式までの予定を書き入れていく感覚です。
　日常生活では欠くことのできない、こうした未来を表わす進行形の用法は、最近の大学入試にも次のような問題で頻出します。

【問題】次の英文のカッコ内に入る適語を選びなさい。
　　Ken (　　) for Paris on vacation next week.
　　1. leaves　　　2. leave　　　3. is leaving　　　4. has left

　正解はもちろん **3. is leaving** です。

《正解・和訳》　3. is leaving
　　　　　　　ケンは来週休みを取って、パリに行く予定だ。

■「例外」のリストを覚える必要はない！
　先ほどの注意点③にあったとおり、通例は進行形にしない動詞というのも存在

します。復習の意味で列挙してみましょう。

> love（愛している）→ He loves Mary.（彼はメアリーを愛している）
> belong to（属している）→ This book belongs to him.（この本は彼のものだ）
> resemble（似ている）→ He resembles his mother in character.（彼は性格が母親に似ている）
> smell（においがする）→ This rose smells sweet.（このバラはいいにおいがする）
> taste（味がする）→ This soup tastes strongly of garlic.（このスープはニンニクの味が強い）

　これらを1つひとつ覚える必要はありません。すでに述べたとおり、進行形でポイントになるのは「～している途中」です。すなわち、「途中」という言葉を入れて訳してみて、不自然になる動詞は進行形にできません。下の例文で確認してみましょう。

　×）I *am belonging* to this club.（私はこのクラブに属している途中です）
　×）I *am having* two sisters.（妹を2人持っている途中です）

　これらの2つの文の日本語訳は、明らかにヘンですね。しかし、下の2つの英文は問題ありません。

　◎）I **have** two sisters.（私には妹が2人います）
　◎）She *is having* lunch.（彼女は昼食の途中です）

■ マクドナルドのCMで使われるloving

　さて、love（大好き）は通常進行形にしませんが、マクドナルドの広告では例外的に、I'm loving it. というコピーが使われています（実際の広告では i'm lovin' it という表記）。では、通常進行形にしないはずの love が、なぜ loving になっているのでしょうか？
　ここで先ほどの「動作の1点に向かって徐々に進行している」という説明を思い出してください。I love it.（それが大好き）は、「もうすでに大好きな状態」になっていますが、I'm loving it. なら、「love の状態にどんどん近づいている」というニュアンスがあり、ひと口食べた時に「ああ、すごくおいしい！（好きという気持ちが徐々に膨らんでいく）」という情景が目に浮かぶような効果があるのです。

「仮定法」を使う際の気持ち

　本セクションでは、「仮定法」をテーマに取り上げます。市販の参考書などでは十分に説明されていない点を中心に、仮定法を用いる際の話し手の心理に迫ります。

■ 日常会話には不可欠な表現
　そもそも「仮定法」とは、「現実とは違う仮定の話（＝妄想）」を語る時に用いられ、日常生活のさまざまな場面に登場します。たとえば「早く授業が終わらないかな」や「もう少し背が高ければいいのになあ」が仮定法に相当します。現実ではなく**妄想**を言っていますよね。
　では、「日本語の妄想」と「英語の妄想（＝仮定法）」とではどこが違うのでしょうか？

■ 「ただ今、妄想中」という宣言
　たとえば友人のA君があなたに、「もしあなたが億万長者だったら、どんな車を買いたい？」とたずねたとします。A君がこの発言にどの程度本気なのかはわかりません。あなたは彼の話し方から推測する、つまり「空気を読む」必要があります。ところが英語ではその必要はなく、If you ***were*** a billionaire, what kind of car would you like to buy? と言えば、A君の質問が妄想であることがはっきりします。なぜならば、wereに「絶対ありえない」という意味が込められているからです。
　つまり、英語では妄想を語る時に「ただ今、妄想中」と明確に言葉で示さなければなりません。そこで妄想を示すサイン（仮定法の公式）が必要になります。

《仮定法の公式》

● 仮定法過去「もし〜ならば … だろうに」
　　注）過去形を使う／日本語訳は『現在』
　　If + S + 過去形, S + would [could / might / should] + 動詞の原形
● 仮定法過去完了「もし〜だったら … だったろうに」
　　注）過去完了形を使う／日本語訳は『過去』
　　If + S + had + 過去分詞, S + would [could / might / should] + have + 過去分詞

■ なぜ「過去・過去完了」になるのか？
　現在や過去のことを語るのに仮定法の公式の前半（if 節）で使われる動詞は、「過去形」や「過去完了形（had + 過去分詞）」です。なぜでしょうか？　そもそも、英語のネイティブが「過去形」を使う時は、「1 歩遠ざかる」という感覚を持つ時です。この「1 歩遠ざかる」には次の 3 パターンがあります。

《「過去形」は「1 歩遠ざかる」こと》

① **現在から「1 歩遠ざかる」** 　☆いわゆる普通の「過去形」 ② **現実から「1 歩遠ざかる」** 　☆「仮定法過去」で使われる「過去形」 ③ **相手から「1 歩遠ざかる」** 　☆丁寧なニュアンスになる「過去形」

　従来「過去形」と言えば、もっぱら①のことだけを指しましたが、②の発想こそ、仮定法で過去形が使われる理由なのです。また、③の発想というのは、たとえば Would you open the window?（よろしければ窓を開けてくれませんか？）のように、will ではなく「過去形の would を使うと丁寧になる」ということです。

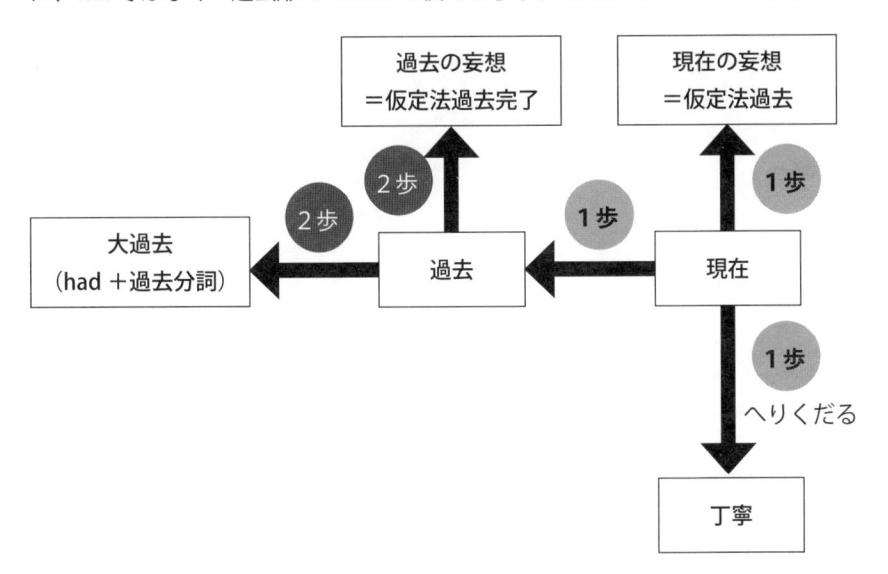

```
                過去の妄想              現在の妄想
              ＝仮定法過去完了          ＝仮定法過去
                   ↑                        ↑
              ┃ 2歩 ┃                  ┃ 1歩 ┃
    ┌─────────┐   ┃          ┌──────┐   ┃   ┌──────┐
    │  大過去  │ 2歩│          │ 過去 │ 1歩│   │ 現在 │
    │(had+過去分詞)│←─────────│      │←──│   │      │
    └─────────┘               └──────┘       └──────┘
                                                   ┃
                                                   ┃ 1歩
                                                   ┃ へりくだる
                                                   ↓
                                                ┌──────┐
                                                │ 丁寧 │
                                                └──────┘
```

※現在を起点に、矢印を 1 歩進めば「過去」、2 歩進めば「大過去」になります。
　英語の世界では、現在から「1 歩遠ざかる」時は「過去形」、「2 歩遠ざかる」時は「過

去完了形」を使います。ですから「過去のさらに過去（大過去といいます）」や「過去の妄想（仮定法過去完了）」には〈had＋過去分詞〉が適切なのです。

■「助動詞」の意味をくみ取る

　次に、公式の後半（主節）に注目してください。「(would などの）助動詞の過去形」がありますね。過去形になるのは、先ほど説明した「現実から『1歩遠ざかる』」という感覚に起因します。では、なぜ主節部分に助動詞が使われるのでしょうか？

　「仮定法」は英語で subjunctive mood といいます。mood の意味は「気持ち」です（決して「雰囲気」ではありません）。「もし〜できたら・・・、でも実際はできない。残念だ」という気持ちを伝える用法です。そしてその話し手の気持ちを表わすのが「助動詞」の役目です。第 2 章で学びましたね。したがって、仮定法の主節では助動詞の過去形がうってつけなのです。ある歌手のインタビューで確認してみましょう。

My grandfather, who was Irish and introduced me to jazz music, *would have been so proud of me if he were still alive.* (祖父はアイルランド人で、僕にジャズを教えてくれたのですが、もし生きていたら、僕を自慢に思ってくれたと思います)

　話し手の祖父は故人ですが、「もしまだ生きていたら」という仮の話として仮定法が使われています。

　このように、仮定法の公式は決して無味乾燥なものではなく、しっかりと血が通っているのです。

第4章

準動詞

◎ 「to 不定詞」の本質を理解する

◎ 「動名詞」に潜むイメージ

◎ 「分詞構文」のやさしい攻略法

「to 不定詞」の本質を理解する

本セクションでは、「to 不定詞」をテーマに取り上げます。まずは、次の問題を見てください。

> 【問題1】「私の夢はプロのギタリストになることです」の訳として、どちらの英文がより自然でしょうか？
> 1. My dream is to become a professional guitarist.
> 2. My dream is becoming a professional guitarist.

これまで「〜すること」という名詞の意味では、「to 不定詞も、動名詞（~ing）も、同じ」と理解していたかもしれません。しかし、両者は異なる世界を持っています。上の問題の**正解は 1** です。なぜそうなるのか、これから説明していきます。

■「未来志向」の to 不定詞

従来の学校英文法では「want や hesitate のうしろには to が来る」と呪文のように教えられることがほとんどでした。次のような一覧を暗記した方も多いのではないでしょうか？

(-_-;)《従来の丸暗記型英文法によるうしろに to を取る動詞の例》

want to 〜（〜したい）/ decide to 〜（〜することに決める）/ attempt to 〜（〜しようとする）/ endeavor to 〜（〜しようと努力する）/ hesitate to 〜（〜するのをためらう）/ refuse to 〜（〜するのを拒む）

to 不定詞の核心をきちんと押さえておけば、これらの動詞の用法を丸暗記する必要などありません。to 不定詞のイメージは、ズバリ「前向きな未来志向」です。つまり「これから〜する」というニュアンスが to には含まれています。

I want **to live** in New York.「**これから**ニューヨークに住むことを望む」⇒「ニューヨークに住みたい」

want 以外の動詞についても考え方は同じです。

decide to live in New York「(これから) ニューヨークに住むことに決める」
hesitate to live in New York「(これから) ニューヨークに住むことをためらう」
refuse to live in New York「(これから) ニューヨークに住むことを拒否する」

これで、これらの動詞がうしろに to を取る理由が理解できたかと思います。to 不定詞は「未来志向」ですから、try や attempt (試みる) など、**ポジティブな響きを持つ動詞**が圧倒的に多いです。中には hesitate や refuse などネガティブな響きを持つ動詞もわずかにありますが、いずれにせよ「これから〜する」という表現が可能かどうかに注目すれば、to 不定詞を取る動詞を見分けるのが格段に楽になります。

ここで冒頭の問題に目を向けると、「私の夢」は当然「これから」のことなので、1. My dream is ***to become*** a professional guitarist. が正解になるわけです。

《正解》 1. My dream is to become a professional guitarist.

■ 前置詞 to と to 不定詞の関係

なぜ「to 不定詞」が「未来志向」なのか、別の角度からも触れておきましょう。学校では「前置詞の to」と「to 不定詞」はまったくの別物と習ったはずです。確かに現代英語ではしっかり区別しなければいけません。しかし、歴史をさかのぼると、元々は「前置詞 to」から「to 不定詞」が生まれました。両者の共通点は方向・到達を示す「矢印 (⇒)」に変換できることです。

前置詞の場合なら次のようになります。

I go *to* school.
I go ⇒ school.
「私は行く」⇒「学校へ向かって」

同様に、to 不定詞も矢印で代用可能です。

I want *to* live in New York.
I want ⇒ live in New York.
「私は望む」⇒「これからニューヨークに住む」

さらに、to 不定詞の副詞的用法にもあてはまります。

I go *to* the sea *to* swim.
　　前置詞　　to 不定詞
I go ⇒ the sea ⇒ swim.
「私は行く」⇒「海へ向かって」⇒「これから泳ぐ」

■「これからすること」と覚えよう

「to 不定詞は未来志向」という考え方は、さまざまな場面で応用可能です。
　たとえば、The concert ***is to be held*** this evening.（コンサートは今夜行なわれる）のような文で使われる〈be 動詞 + to 不定詞〉には、5つの意味があると教えられてきました。

(-_-;)《従来の丸暗記型英文法が定義する〈be 動詞 + to 不定詞〉》

① 予定「〜する予定だ」	② 意図「〜するつもりだ」
③ 義務「〜しなくてはいけない」	④ 可能「〜できる」
⑤ 運命「〜する運命だ」	

　しかし、英語のネイティブがこのように区別しているとは思えません。「未来志向」という視点で考えれば、ここに挙げた5つの用法もすべて「これからすること」で置き換えることができます。実際の英語では、「これは予定」、「これは運命」といった明確な区別はありません。
　たとえば、They ***are to be married***.（あの2人は結婚することになっている）の〈be 動詞 + to 不定詞〉は、「『予定』を表わす」と説明されてきました。確かに「結婚する予定」ですが、2人には「結婚する意図」があり、もはや「結婚するのが義務」であり、「結婚が可能」であり、そして「結婚する運命」という解釈が可能です。つまり、すべて「これからすること」なのです。このように5つの用法が複雑に絡み合っているのが〈be 動詞 + to 不定詞〉の本質です。
　では最後に、入試問題で確認してみましょう。

【問題2】次の日本文と同じ意味になるように、語群の語句を用いて8語で英訳しなさい。
「彼が駅に私たちを迎えにきてくれることになっていた」
[was / meet / station]

「きてくれることになっていた」の部分に注目してください。問題の意図は「『〜することになっている』と聞いて、〈be 動詞 + to 不定詞〉が頭に浮かぶか？」という点にあります。**正解は、He was to meet us at the station.** です。
　〈be 動詞 + to 不定詞〉は大学入試以外でも、英字新聞の記事や TOEIC テストのリスニングにも頻出する重要表現です。しっかりマスターしておきましょう！

《正解》He was to meet us at the station.

「動名詞」に潜むイメージ

本セクションでは、「動名詞」をテーマに取り上げます。まずは、次の問題を見てください。

> 【問題1】「兄の趣味は切手集めです」の訳として、どちらの英文がより自然でしょうか？
> 1. My brother's hobby is to collect stamps.
> 2. My brother's hobby is collecting stamps.

これまで「～すること」という意味では、「to 不定詞も、動名詞（~ing）も同じ」と理解していたかもしれませんが、前のセクション「『to 不定詞』の本質を理解する」で、両者は異なる世界を持っているとお話ししました。to 不定詞は「未来志向」ですので、My dream is **to become** a professional guitarist. という英文が正しく、My dream is **becoming** a professional guitarist. は間違いでしたね。

上の問題の英文の主語は dream ではなく、hobby です。「趣味」に「未来志向」はありませんので、to 不定詞の to collect は使いません。**正解は**動名詞 collecting を用いた **2. My brother's hobby is collecting stamps.** です。

《正解》**2. My brother's hobby is collecting stamps.**

■「to 不定詞 vs. 動名詞」という考え方

従来の学校英文法では、remember to ~は「（これから）**～すること**を覚えている」、remember ~ing は「（過去に）**～したこと**を覚えている」というように、「動名詞は過去」というイメージだけが教えられてきました。確かに動名詞には「過去」という一面もありますが、それだけでは、たとえば enjoy や、一見未来志向の to 不定詞を取りそうな put off（延期する）が動名詞を取る理由を説明できません。これまで「そういう文法の決まり」の一言で片付けられ、丸暗記するしかなかったと思います。

動名詞には「過去」以外にもいくつかの顔があります。そのイメージをきちんと認識することで、無味乾燥な丸暗記をする必要がなくなります。

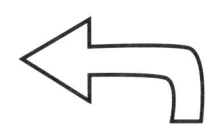

```
┌─────────┐                    ┌─────────┐
│  動名詞  │                    │ to 不定詞 │
└─────────┘                    └─────────┘
     ⬅                              ➡

┌──────────────────┐          ┌──────────────────┐
│      過去         │          │      未来         │
│ マイナス（の方向） │          │ プラス（の方向）  │
│ ［中断・逃避］     │          │     単発          │
│      反復         │          │                  │
└──────────────────┘          └──────────────────┘
```

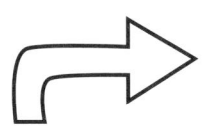

　まず前のセクションでお話ししたとおり「to 不定詞は未来志向」です。その未来志向から発展して、前向きな**「プラス（の方向）」**のイメージや、未来のことは原則的に 1 回の行為を想定することから**「単発」**のイメージもあります。「プラス（の方向）」の例を挙げると manage to ～（うまく～する）、learn to ～（～できるようになる）、「単発」の例は happen to ～（たまたま～する）、pretend to ～（～のふりをする）などがあります。どちらも従来は覚えるしかないものでしたが、これでうまく説明がつきます。

　この to 不定詞のイメージと対照的なのが動名詞のイメージです。つまり「未来」に対して**「過去」**、「プラス（の方向）」に対して**「マイナス（の方向）」**、「単発」に対して**「反復」**です。

■「中断」イメージの動名詞

　まず「マイナス（の方向）」のイメージを考えてみましょう。この消極的なイメージは「中断」と「逃避」に分けて考えたほうが整理できると思います。以下の動詞は、中断のイメージを持つ動名詞を取ります。

《「中断」イメージの動名詞を取る動詞の例》

┌───┐
│ stop ~ing（～するのをやめる）/ give up ~ing（～するのをあきらめる）/ │
│ quit ~ing（～するのをやめる）/ finish ~ing（～するのを終える）   │
│ ※「中断」の延長の finish（終える）も動名詞を取ります。   │
└───┘

　では、そのイメージを入試問題で確認してみましょう。

【問題2】次の文には文法的に間違っている箇所が1つだけある。下線部にある、正さなければいけない箇所を選びなさい。
In many cases (1)schools (2)have given up (3)to keep in contact with their (4)graduates.

下線部 (2) の have given up に注目して、give up ~ing の形に訂正する問題です。

《正解・和訳》 (3) to keep → keeping
多くの場合、学校は卒業生に連絡を取ることをやめてしまった。

■「逃避」イメージの動名詞
次に「逃避」です。このイメージは動名詞の真骨頂ともいえるものです。to 不定詞は「積極的」で、いわば「明るい性格」ですが、動名詞は「暗い性格」を持ちます。つまり、動名詞を取る動詞の中には**「暗い」イメージの動詞が多い**のです。

《「逃避」イメージの動名詞を取る動詞の例》

miss ~ing（〜しそこなう）※「逃避」の「逃す」です。/ avoid ~ing・escape ~ing（〜するのを避ける）※「逃避」の「避ける」です。/ put off ~ing・postpone ~ing（〜することを延期する）※「延期」は「現実からの逃避」というイメージです。/ object to ~ing・be opposed to ~ing（〜することに反対する）※「逃避」は「反対」というイメージにつながります。/ deny ~ing（〜することを否定する）※「逃避」は「否定」につながります。/ resist ~ing（〜することに抵抗する）※「逃避」は「抵抗」につながります。

この「逃避」のイメージの動名詞が大学入試でもいちばんよく出題されます。センター試験から1問取り上げます。

【問題3】次の英文のカッコ内に入る適語を選びなさい。
A："How did you do on the test?"
B："I don't know. For some reason, they've put off (　　　) the results until the end of the month."
1. announce   2. announcement   3. announcing   4. to announce
（平成11年度センター試験）

空所直前の put off に注目すれば簡単ですね。

《正解・和訳》 3. announcing
A：「テストどうだった？」
B：「わかんないんだ。とある理由で、結果が出るのが月末まで延期になったんだよ」

■「反復」イメージの動名詞

　最後は「反復」のイメージです。この動名詞を取るのは**「繰り返す・ぐるぐるまわる」**イメージを持つ動詞です。中学校で習う enjoy ~ing も、趣味は何度も「繰り返して」楽しむことから、動名詞が使われているのです。

《「反復」イメージの動名詞を取る動詞の例》

| practice ~ing（～するのを練習する）/ be used to ~ing（～することに慣れている）/ mind ~ing（～するのを気にする）※嫌なことが頭の中でずっとぐるぐる巡るイメージ / consider ~ing（～するのを考える）※あれやこれや頭の中で思い巡らすイメージ / imagine ~ing（～するのを想像する）/ look forward to ~ing（～するのを楽しみに待つ）※楽しみにしていることを頭の中で何度も想像するイメージ |

　最後に、入試問題を解いてみましょう。

【問題4】次の英文のカッコ内に入る適語を選びなさい。
I've never imagined her (　　) in Ethiopia.
1. work　　2. to work　　3. to be working　　4. working

　imagine に注目です。imagine ~ing はむずかしいと思われているのか、なかなか市販の問題集でも見かけませんが、有名私大ではすでに出題されています。imagine her working で「彼女が働くことを想像する」という意味です。動名詞 working の前に her を置いて「意味上の主語」になっているので、むずかしく感じるのではないかと思います。

《正解・和訳》 4. working
彼女がエチオピアで働くなんて想像もしなかったよ。

　暗記だけで覚える動名詞も、このように「過去」「マイナス（の方向）［中断・逃避］」「反復」のイメージを使えば、頭の中にすっと入ってくると思いますよ！

「分詞構文」のやさしい攻略法

　本セクションでは、「分詞構文」をテーマに取り上げます。「分詞構文」という一見堅苦しい文法用語のため、イメージがつかみにくいと思います。また従来の分詞構文の説明といえば、「接続詞で書き換えられる」「たくさんの意味がある」といった内容でした。実は、**分詞構文で大事なことは2つだけ**です。

《分詞構文の2大ポイント》

① 分詞構文は「副詞のカタマリ」を作る
② 分詞構文の意味は「位置で決まる」（覚える意味は2つだけ）

■ 分詞構文は「副詞のカタマリ」を作る
　学校の英語の授業では「分詞構文への書き換え」という練習があります。

> ~~Because I~~ felt tired, I went to bed early.
> ↓ 接続詞（Because）と主語（I）を消去／felt を分詞（feeling）に変える
> <u>Feeling</u> tired, I went to bed early.

　この書き換え練習では、「Because が消える」ということばかり強調されることが多いのですが、実際に大事なのは、Feeling tired が「**副詞のカタマリになる**」ということなのです。「副詞」とは「**余分な要素（それがなくても文が成立するもの）**」です。ゆえに「**余分な ~ing は分詞構文**」ということになります。このような視点を持っていれば、英文中で ~ing を見ても、「動名詞」なのか「分詞」なのか「分詞構文」なのか判別することが可能なのです。

■「動副詞」という考え方
　ここで一度少し視野を広げて、分詞構文だけでなく、「~ing の全体像」を確認してみましょう。「~ing が名詞の働き」をしているものを「**動名詞**」といいます。このネーミングは非常に納得がいきます。「動詞＋名詞＝動名詞」ということです。
　ところが、なぜか動名詞以外ではネーミングの方針が変わってしまいます。「~ing

が形容詞の働き」をしている（つまり名詞を修飾する）ものを「動形詞」とはいわずに「**分詞**」と、「~ing が副詞の働き」をしている（つまり動詞などを修飾する）ものも、「動副詞」ではなく、「**分詞構文**」と名付けられてしまったのです。

《~ing の全体像》

① 名詞の働き → 【動名詞（〜すること）】
He likes *running*.「彼は走ることが好きだ」
※ running は like の目的語 → 名詞の働き／「走ること」という意味
② 形容詞の働き → 動形詞 → 【分詞（〜している）】
Look at the boy *running* there.「そこを走っている少年を見てごらん」
※ running は直前の boy を修飾 → 形容詞の働き／「走っている」という意味
③ 副詞の働き → 動副詞 → 【分詞構文】
He said good-by, *running* away.「彼はさよならを言い、そして走り去った」
※ running away は said を修飾 → 副詞の働き／ running がなくても文が成立する

■ 分詞構文の意味は「位置で決まる」

次に2つ目のポイントである「**分詞構文の意味**」を紹介します。学校の英語の授業では、大半の方が以下のような羅列を覚えさせられたことと思います。

(-_-;)《従来の暗記型英文法が定義する分詞構文》

① 時「〜する時」　　　　② 原因・理由「〜なので」
③ 条件「もし〜すれば」　　④ 譲歩「〜だけれども」
⑤ 付帯状況「そして〜」「〜しながら」

実は、分詞構文の真の姿はもっと「**適当**」な存在です。
when や because などの接続詞を使って明確に時や理由の意味を表わすわけではなく、**2つの文を「軽く」くっつけるのが「分詞構文」の働き**です。したがって意味も「**軽く（適当に）**」**考える**、というのが分詞構文の本質なのです。
具体的には、**分詞構文の意味は2つに分類できます**。すべて「**位置によって決まる**」のです。

《分詞構文の意味》

① ~ing ... , S V.　　『適当に』訳す
② S, ~ing ... , V.　　『適当に』訳す
③ S V, ~ing ... .　　「そして」か「〜しながら」と訳す

　~ing が文頭・文中にある時には適当に訳します。「…して、SV だ」や「…ので、SV だ」のように、「て」や「で」が適切です。ちなみに、「て」「で」にはさまざまな意味が含まれており、逆接の意味もあります（たとえば「見て見ぬふりをする」）。

　誤解しないでいただきたいのは、小手先のワザを教えているのでは決してなく、本来分詞構文の性質が**「適当に意味をボカす」**ということなのです。たとえば「〜だから」と理由を強調したければ、英語のネイティブは because を使います。ボカしたいからこそ分詞構文を使っているわけです。

　分詞構文の意味を5つ丸暗記し、それぞれあてはめて訳すという方法はナンセンスなのです。

　お手元に英文法の参考書があれば、分詞構文の箇所を確認してみてください。例文で分詞構文の「位置」に注目してみてください。分詞構文が文頭・文中にある場合は、すべて「適当」に訳しても意味がわかるはずです。また、「そして」「〜しながら」と訳されている英文では、分詞構文がうしろに来ているはずです。

　よって、冒頭の英文 ***Feeling*** tired, I went to bed early. は「疲れを感じた」と「早く寝た」を「適当に」つなげて、「疲れていた**で**、早く寝た」という日本語にすればいいのです。

　次の例文をご覧ください。

Asked **ahead of the March 19 election, 85 percent of men polled by XYZ News said they did not object at all to a female prime minister.**（3月19日の選挙を前に、XYZ ニュースが調査してたずねた男性の85%は、女性の首相にまったく反対しない、とのことであった）

　Asked ahead of 〜という分詞構文（Being asked 〜の Being の省略）が前に位置していますので、「たずねられ**て**」と考えれば問題ありません。
　ちなみに、このように分詞構文は、ニュース記事でもよく使われます。

■ 分詞構文がうしろにある時には注意

　ただし、分詞構文がうしろにある時は適当に訳すのではなく、「**SV だ。そして**」

…だ」か「…しながら、SV だ」のどちらかの意味になります（ちなみに、この訳し方は英文法書では「付帯状況」と呼ばれています）。

　日本でも 2000 年にベストセラーになった『チーズはどこへ消えた？』の原書、Spencer Johnson の *Who Moved My Cheese?*（Vermilion; Reprinted Ed 版）には、分詞構文を使った次の文があります。

Sniff would smell out the general direction of the cheese, *using* his great nose.（スニフ［主人公のネズミ］は、自慢の鼻を使いながら、チーズがある、おおよその方向を嗅ぎつけたのでした）

　この英文では using his great nose という分詞構文がうしろにあるので、「使いながら」という意味になります。

　このように、**「副詞のカタマリを作る ~ing を見たら分詞構文」**と判断して、意味を考える時は**「位置が文頭・文中にあれば『適当』に、うしろにあれば『そして』か『～しながら』と訳す」**ようにすれば、分詞構文は簡単に攻略できます！

第5章

比較

◎ 「比較」の核心 ── "as ~ as ..." は「同じくらい」ではない!?

◎ "no 比較級 than ..." が伝える意味は？

◎ やっかいな「比較構文」を整理する

◎ Couldn't be better. の意味は？

「比較」の核心――"as 〜 as ..." は「同じくらい」ではない!?

本章では、「比較」をテーマに取り上げます。比較表現の 1 つ、as 〜 as ... は学校の英語の授業で「同じくらい〜だ」という意味しか教えられませんでした。本セクションで as 〜 as ... の本来の意味を知ることで、丸暗記するしかなかった慣用表現をすっきり「理解」していきましょう。まずは従来の説明を簡単に確認します。

(-_-;)《従来の丸暗記型英文法が定義する as 〜 as ...》

① 肯定：as 〜 as ...「・・・と同じくらい〜だ」
② 否定：not as [so] 〜 as ...「・・・ほど〜でない」

②の否定の場合、①の意味を否定する直訳からでは「・・・ほど〜でない」を導き出せません。たとえば、This book is **not as** interesting **as** that one. を直訳すると「この本はあの本と同じおもしろさではない」です。この日本語訳では This book ≠ that one ということがわかるだけで、「どちらがおもしろいのか」はわかりません。

実は私自身も中学生の時、「おもしろさが同じではないだけで、『どちらがおもしろいのか断定できない』のではないか？」と疑問に思いました。結局、この疑問に対する明確な答えを提示してくれる参考書はありませんでした。しかたがないので、not as 〜 as ... を「・・・ほど〜でない」と丸暗記したものです。

■ as 〜 as ... は「・・・と同じかそれ以上〜だ」という意味

先に言ってしまいますが、実は、**as 〜 as ... は「・・・と同じくらい、もしくはそれ以上〜だ」**という意味なのです！

A is as 〜 as B. は、「A は B と同じか、それ以上〜だ」、つまり、**A ≧ B** の関係を示す表現です。

この考え方は市販の参考書や問題集ではまったく紹介されていないので、英語に自信のある方ほど最初は信じがたいと思います。少し細かくなりますが説明します。

まずは、次の有名な熟語を確認してください。

not only X but also Y
= Y as well as X
（X だけでなく Y も）

　この熟語は、昔から「X より Y が重視される、Y ≧ X の関係だ」と説明されています。as well as と as ～ as ... が使われているのに、この熟語に限っては「イコール（＝）ではなく、イコール付き不等号（≧）になる」といわれてきました。しかし、この発想は**間違い**です。「as ～ as ... はイコール付き不等号（≧）になる」のが本来正しいにもかかわらず、実は **as well as** に「限って」あたかも例外のような説明がなされていたのです！

■ not as ～ as ... を「同じではない」と訳してはいけない理由
　では次に、**not as ～ as ...** が、決して「…と同じ～ではない」という意味ではなく、「…ほど～ではない」という意味になる理由を説明します。
　A is as ～ as B. という文は、「A は B と同じかそれ以上～だ」つまり A ≧ B を表わすと述べました。これを否定文にした A is not as ～ as B. は、A ≧ B を否定したもの、つまり **A ＜ B** です。
　「A ≧ B の否定が、A ＜ B になる」ということがピンとこなければ、具体的な数字をあてはめて考えると簡単です。「A さんは 1000 円以上持っている（A ≧ 1000）」を否定すると、「A さんは 1000 円以上は持っていない」⇒「1000 円未満だ」になり、「A ＜ 1000」と表わせます。
　ゆえに、冒頭の英文 This book is ***not as*** interesting ***as*** that one. は「**おもしろさにおいて、This book ＜ that one だ**」という関係になり、和訳は「**この本はあの本ほどおもしろくない**」になるわけです。

■ as ～ as ... の核心をつかめば熟語の丸暗記もなくなる！
　as ～ as ... を使った慣用表現には、覚えにくいものがたくさんありますが、as ～ as ... の「…と同じくらい、もしくはそれ以上～だ」という意味を使って直訳すれば、丸暗記をする必要などありません。

《as ～ as ... を使った熟語（すべて強調表現）》

① as ～ as any ... 「どの…にも負けず劣らず～だ／とても～だ」
② as ～ as ever lived 「きわめて～だ」
③ as A as {A} can be 「この上なく A だ」

では順番に見ていきましょう。

まず① **as 〜 as any ...** の「どの・・・にも負けず劣らず〜だ／とても〜だ」です。as 〜 as ... は「・・・と同じかそれ以上〜だ」、any ... は「どんな・・・でも」という意味ですから、直訳すると「どんな・・・と比べても、同じかそれ以上に〜だ」になります。He is *as* wise *as any* man. なら「どんな賢い人と比べても、その人と同じかそれ以上に賢い」⇒「彼は誰にも負けず劣らず賢い」という意味になるのです。また、単なる強調表現として「彼はとても賢い」という意味でも使われます。

次に、② **as 〜 as ever lived** を直訳すると、「今まで生きてきた人と比べても、同じかそれ以上に〜だ」になります。He is *as* great a scholar *as ever lived*. なら「彼は今まで生きてきた人と比べても、同じかそれ以上に偉大な学者だ」⇒「彼はきわめて偉大な学者だ」という意味になります。

最後は、③ **as A as {A} can be** です。can be は「ありうる」という意味で、直訳は「A がありうる状態と同じかそれ以上に A だ」になります。He is *as* poor *as poor can be*. という文で考えてみましょう。poor can be は、みなさんがありうると想像できる貧しい状態のことです。「彼はそのありうると思える貧しさと同じかそれ以上に貧しい」⇒「彼はこの上なく貧しい」という意味になるのです。

■ not so 〜 as ... は not as 〜 as ... と同じ意味

not as 〜 as ... は、**not so 〜 as ...** として使われることもあります。so は「それほど」という意味なので、「それほど〜ではない（not so 〜）。どれほどかというと、・・・ほど（as ...）」という意味になります。

この not so 〜 as ... を使った有名な熟語に、**not so much A as B**（A というよりむしろ B）があります。この熟語は大学入試では頻出問題であるため「そのまま覚えなさい」と丸暗記させられることが多いのですが、not so much A as B の「**A ＜ B**」という関係に注目すれば簡単に理解できます。「B ほど十分に（much）A ではない」という意味が、「**A というよりむしろ B**」と意訳されただけなのです。あくまで「A ＜ B」の関係が意識できればよいのです。

最後に 1 問、入試問題で確認してみましょう。

【問題】次の日本文と同じ意味になるように、以下の語句を並べ替えなさい。
「彼は学者というよりは作家です」
He [so / an author / is / as / a scholar / not / much].

問題文から「学者＜作家」の関係にすればいいわけですから、"not so much 学者 as 作家" と考えます。

《正解》He [is not so much a scholar as an author].

　このように、正しく as 〜 as ... の意味を押さえておけば、慣用表現を丸暗記する必要がなくなるのです！

"no 比較級 than ..." が伝える意味は？

前のセクションでは as 〜 as ... を取り上げましたが、ここでは比較の中でもいちばん苦手に感じている人が多い "no 比較級 than ..." の構文を考えてみます。「クジラの構文」などと呼ばれ、学生時代に和訳を呪文のように丸暗記した人も多いのではないでしょうか？

(-_-;)《従来の丸暗記型英文法による "no 比較級 than ..." の例》

A whale is *no more* a fish *than* a horse is. （クジラが魚でないのは、馬が魚でないのと同じだ）

私自身も高校生の時、和訳だけを覚えて、この英文の意図するところが、わかったような、わからないような中途半端な気分でいました。ここでは、この構文の仕組みをしっかり説明していきます。

■ no は強い否定を表わす

この構文を理解するためのキーワードは「**2つの矢印**」です。これからは "no 比較級 than ..." の形を見たら、「**no から、①比較級、そして② than ... に2つの矢印を向ける**」ようにしてください。図で示すと次のようになります。

まず、最初の矢印、① **"no 比較級"** は「**まったく〜ではない（むしろその逆だ）**」という**強い否定**の意味になります。

たとえば、Your idea is ***no worse than*** mine. というような言い方をよく聞きます。これを上の説明にあてはめると、**no worse の部分は「まったく悪くない（むしろ良い）」**という意味になります。2つ目の矢印、② **no 〜 than ... は「…と同じくらい」**という意味です。本来 than ... は「… より」という「差」を表わしますが、no で「その差を否定」することで、「… と差がない」⇒「… と同じ」という意

味になるのです。

　Your idea is **no worse than** mine. で考えれば、no ～ than mine の部分は「私のアイデアと同じくらい」となります。

　したがって①と②をまとめると、この文は「君のアイデアは私のアイデアと同じくらい良い」という意味になるのです。このように、"no 比較級 than ..." は「2つの矢印を向ける」という作業で簡単に理解できます。

　そこで、昔から高校生を苦しめてきた、「クジラの構文」A whale is **no more** a fish **than** a horse is. を、この「2つの矢印」を使って考えてみましょう。

　まず、no から「more a fish に1つ目の矢印」、そして「than a horse is に2つ目の矢印」を向けます。no more a fish は「まったく魚ではない（魚の対極の存在）」、no ～ than a horse is は「馬と同じくらい」ということになり、文全体は「**クジラは決して魚なんかではない**」＋「**（その魚ではない度合は）馬と同じくらいだ**」という意味なのです。つまり、「**クジラを魚類と言うのは、馬を魚類と言うことに等しい（それほどクジラと魚は、生物学上、かけ離れている）**」と解釈することができきす。

■ no less は二重否定を表わす

　別の文でもう少し考えてみましょう。今度は less を使った、In the summer, it is **no less** hot in Japan **than** in tropical countries. という英文です。もちろん考え方はまったく同じで「2つの矢印」がカギになります。

　まず no less hot (in Japan) の less hot の意味だけを考えると「暑くない」になります（less は「より～ではない」という否定語です）。no less hot で「暑くない（less hot)、ということはまったくない（no)」⇒「すごく暑い」という意味になります。ただ、実際に英文を読む時は、「**二重否定の no less は『すごく』という意味になる**」と考えたほうが効率的です。

　つづいて、no ～ than in tropical countries は「熱帯の国々と同じくらい」という意味で、問題ないですね。したがって、文全体では「**日本の夏は、熱帯の国々と同じくらいすごく暑い**」となります。

■ 「主張」＋「具体例」という感覚

　英語のネイティブが、"no 比較級 than ..." という構文を使う際、彼らの頭の中では **"no 比較級"** の部分が「**話し手の主張**」、そして than ... の部分が「**その主張を補強する（誰にでもわかるような）具体例**」となっています。

　例文を引用して解説してみましょう。27 ページでも紹介したナチス占領下のポーランドを生き抜いたユダヤ人ピアニストの生涯を描いた映画『戦場のピアニスト』の原作に、

比較

55

They (Jewish police) were *no less* dangerous and pitiless *than* the Germans themselves. (ユダヤ警察はドイツ人同様に危険な存在であり、情け容赦なかった)

という文があります。no less dangerous and pitiless は「すごく危険で容赦ない」という意味ですが、この部分が「話し手の主張」にあたります。そして、no 〜 than the Germans（ドイツ人と同じくらい）の部分が、「主張を補強する具体例」です。

主人公のユダヤ人ピアニストから見て、同胞のはずのユダヤ警察は「とても危険で容赦しない」存在だったわけです。そこで「そうは言っても、ナチス（ドイツ人）よりは寛容なのでは？」と反論する読者を見越して、「（その危険で容赦ない度合は）ドイツ人と同じくらいだ」と述べているのです。

■ 熟語も「2つの矢印」で解決

さらに「2つの矢印」という考え方は、丸暗記するしかなかった熟語にも使えます。学校の英語の授業では、no more than ... =「…しか、わずか…」、no less than ... =「…ほども（多くの）」と教えられてきました。しかし、これらも "no 比較級 than ..." の形なので、「2つの矢印」をあてはめることができます。

たとえば、I have ***no more than*** 1,000 yen. なら、no more は「まったく多くない」⇒「とても少ない」、no 〜 than 1,000 yen は「1000円と同じ」になり、意味は「**とても少ない額しか持っていない。1000円と同じ**」⇒「**1000円しか持っていない**」になります。

less の場合も同様です。I have ***no less than*** 1,000 yen. なら、no less は「まったく少なくない」⇒「とても多い」、no 〜 than 1,000 yen は「1000円と同じ」になり、意味は「**とても多い額を持っている。1000円と同じ**」⇒「**1000円も持っている**」になります。

受験英語の悪しき代表格のようにいわれている「クジラの構文」も、このように「2つの矢印」を使えばあっさり理解できますし、さらに「話し手の主張」とそれを補強する「具体例」という関係も見えてきます。

やっかいな「比較構文」を整理する

　本章では「比較」を取り上げていますが、本セクションでは「比較の as ～ as ...」と、「助動詞 may / might」が融合した、may as well ～や might as well ～ as ... などの構文を中心に解説します。英語の授業で以下の表現を丸暗記させられた人も多いのではないでしょうか？

(-_-;)《従来の丸暗記型英文法が定義する may / might の構文》

① may well ～「～するのはもっともだ」「きっと～だろう」
② may as well ～ / might as well ～「～したほうがよい」
③ might as well ～ as ...「…するくらいなら～したほうがましだ」

　似たような単語が並んでいて、非常にまぎらわしいですね。しかし、本書でここまで身につけた知識を使えば納得のいく理解ができるのです。

■ may と as ～ as ... の復習

　その前に、may と as ～ as ... を復習しましょう。第 2 章の「may の核心をとらえる」(15 ページ) で、may に関して 3 つの重要事項を説明しました。

《may の重要ポイント》

① may：「～してよい」（許可）　※ 50%のオススメ度
　　　　「～かもしれない」（推量）　※ 50%の予想的中度
② may well：「～するのももっともだ」（許可）　※ 70 ～ 80%のオススメ度
　　　　　　「きっと～だろう」（推量）　※ 70 ～ 80%の予想的中度
③ might：「もしその気なら～してよい」（許可）　※ 30 ～ 40%のオススメ度
　　　　　「もしかしたら～かもしれない」（推量）　※ 30 ～ 40%の予想的中度

　次に A is as ～ as B. が、「A は B と同じか、それ以上～だ」という意味で、A ≧ B の関係を示すことを思い出してください。This book is **as** interesting **as** that one. なら、「この本はあの本と同じか、それ以上におもしろい」という意味になります。

■ may as well ～は as を補う

では may as well ～から見ていきましょう。You **may as well** go home.（もう帰宅してもいいです）という英文の as に注目してください。as は本来 as ～ as ... という形を取るので、実はこの構文は後半の **as ...** が省略されているのです。省略部分を補ってみると、You may as well go home **as not go home**. になります。may well は「十分によろしい」という意味なので、直訳すると「帰ることは、帰らないのと同じくらい、十分によろしい」になります。ただし、「as ～ as ... はイコール付き不等号（≧）の関係」ですので、**「帰るのは、帰らないのと同じ、もしくはそれ以上に、十分によろしい」**というのがこの構文が示している本当の意味なのです。

You **may as well** go home (as not go home).
　　　　　　　帰る　　≧　　帰らない

つまり「帰っても、帰らなくてもどっちでも同じだけど、帰ってもいいよ」と、**多少なげやりなニュアンス**を含むこともあります。「may as well ＝～したほうがよい」と覚えていたかもしれませんが、正確には「may が持つ 50％のオススメ度」に対して**「may as well は 70 ～ 80％（50％＋α）程度のオススメ度」**なので、**「どっちでもいいけど、まあ～してもいいだろう」**という解釈が成り立つわけです。また、may ≒ might ですから、**might as well ～**という形になることもあります。大学入試でも、しばしば次のような問題が出題されます。

【問題1】次の英文のカッコ内に入る適語を選びなさい。
　You might as (　　) try your best.
　1. good　　　2. well　　　3. better　　　4. if

《正解・和訳》2. well
　　　　　　最善を尽くしたほうがよい。

■ might が示す「ありえないこと」

つづいて、もう少し複雑な **might as well ～ as ...** という構文です。You **might as well** throw your money into the sea *as* lend it to him. を例に説明します。この構文では as ～ as ... が省略されていませんね。この文でもイコール付き不等号（≧）を意識して意味を考えてみると、**「海にお金を捨てるのは、彼にお金を貸すのと同**

じか、それ以上にすごくよろしい」⇒「彼にお金を貸すくらいなら、海に捨てたほうがましだ」となります。

You might as well throw your money into the sea as lend it to him .
　　　　　　　　　お金を海に捨てる　　　≧　　彼に貸す

　この熟語では、may ではなく圧倒的に might が使われることが多いです。その理由は、**might に含まれる仮定法のニュアンス**にあります。「**助動詞の過去形は仮定法の目印**」です（第2章の「may の核心をとらえる」[15ページ]）。「海に捨てたほうがまし」と言っても、本当に海にお金を捨てる人なんていませんよね。「現実にありえない」ことなので、仮定法のニュアンスを持つ might が使われるのです。大学入試でも次のような問題が出題されるので、注意しましょう。

【問題2】日本文と同じ意味になるように、空所に適する語を入れなさい。
「小さなクラスでたくさん注目されるほうが、大きいクラスで無視されるより、ましだ」
I might (　　) well take a small class where I'll get lots of attention as a huge class where I'll be ignored.

　as を入れることで、might as well ～ as... の形にすれば、和訳と同じ意味になりますね。

《正解》as

　本セクションは復習も兼ねて、これまで学んだ知識を応用して解説しました。丸暗記に走るのではなく論理的に納得のいく解釈の上で英文法に接していけば、ムダな労力が減るだけでなく、その表現を使う英語ネイティブの気持ちも理解できるようになるはずです！

Couldn't be better. の意味は？

まずはじめに質問です。次の文はどう解釈すればよいでしょうか？

We could not be happier.

これは「すごく幸せだ」という意味ですが、not と happier の組み合わせがなぜそんな意味になるのか、理解できない人もいるかもしれません。本セクションでは、この英文の構造をじっくり考察していきましょう。

まずは次の入試問題を解いてみてください。

【問題１】次の英文のカッコ内に入るものを選びなさい。
 "How's your golf game these days?"
 "(　　)!"
　1. Much never　　2. Better much　　3. Better never　　4. Never better

【問題２】与えられた語句を用いて、５語から成る英文にしなさい。
「これほどばかげたことはない」
[could / stupid]

■ than 以下は省略されることもある

「比較級には than がともなう」と習ったと思いますが、実際の英語の用法では than 以下の内容、つまり**比較対象がしばしば省略され**ます。英会話の決まり文句の１つに、It couldn't be better! がありますが、次のように使われます。

A: How's it going?（調子はどう？）
B: *It couldn't be better!* （絶好調だよ！）

It couldn't be better! ＝「絶好調」という機械的な暗記では不十分です。理論的に理解できなければ、最初に示したような応用問題に太刀打ちできません。

It could**n't** be **better**! がなぜ「調子が良くない！」にならないのでしょうか？　確かに not good なら「良くない」ですが、ここでは not better となっている点に注

意してください。比較級の better が使われていますが、「**(than 以下の) 比較対象」が省略されている**と考えればいいのです。省略できる理由は、状況から明らかだからです。

　ここでは **than now**（今［の私の状態］より）を補ってみましょう。すると、It couldn't be better (than now). となり、「今の私の状態よりも (than now)、良い状態（better）なんて、仮の世界でもありえない（couldn't be）」といった解釈ができます。could は助動詞の過去形で、仮定法（仮の世界）を示して使われます。couldn't と否定形にすることで「〜することはありえない」という「**確率ゼロ**」の表現になるのです。また、It は「**状況の it**」で、特に日本語に訳す必要はありません。「**今よりも良い状態なんてありえない**」は、言い換えれば「**今は絶好調の状態**」ということですね。

　It couldn't be better! は、実際の会話では主語が省略されて、***Couldn't be better!*** という形で頻繁に使われます。さらに、この形が崩れて、couldn't が never になり、***Never better!*** になることもあります。その知識が問われたのが【問題1】です。**正解は、4. Never better** です。

《正解・和訳》
【問題1】　4. Never better
　　　　　「最近ゴルフの調子はどう？」
　　　　　「絶好調だよ！」

■ 比較級のあとの語句を意識しよう

　It couldn't be better! の場合は、than now を補いました。このように省略されている語句を文脈から推測できるのが理想です。とは言え、むずかしいことは何もありません。通常は than now のほかに、***than this*** を補ってみればいいのです。この this は「**今体験した出来事、耳にしたこと**」くらいに考えてください。

　【問題2】の正解は、than this を補うことで導き出せます。問題文の「これほどばかげたことはない」を正確に英訳すれば、Nothing could be more stupid than this. になります。しかし、これでは指定の5語をオーバーしてしまいますね。そこで先ほど述べた「比較対象はしばしば省略される」という英語の特徴を思い出してみましょう。最後の than this が省略可能なので、**正解は、Nothing could be more stupid.** になります。

《正解》**【問題2】　Nothing could be more stupid.**

ここまでの解説が把握できれば、冒頭に取り上げた We could not be happier. の意味がはっきり理解できるはずです。than 以下を補って、We could not be happier (than now). と考えれば、「今より幸せなことはありえない」⇒「すごく幸せだ」と解釈できるわけです。

■ as 〜 as ... にも起こる「省略」

比較対象の省略が起こるのは、比較級の文とは限りません。原級（as 〜 as ...）の場合もあります。as 〜 as ... はつねにセットで用いると思い込んでいる方も多いかもしれませんが、後半の as 以下が省略されるのは珍しいことではないのです。may as well 〜 という熟語も、後半の as 以下が省略されていましたね。過去のセンター試験の問題に使われた会話文で確認しておきましょう。

> Maya は日本に来て間もない留学生の Jeff と買い物に出かける。
> Maya：Here comes our train. It's not too crowded.
> Jeff：Do the trains get any worse than this?
> Maya：Oh, yes. During the morning rush hour they're twice as bad.
>
> （平成 17 年度センター試験）

Jeff のせりふでは get any worse than this と than this が省略されずに使われています。ところが Maya の最後のせりふでは、they're twice as bad になっています。as this を補えば they're twice as bad (as this) となり、「これ（この電車の混み具合）の 2 倍はひどい」と解釈できます。

《和訳》　マヤ：ほら、電車が来たよ。そんなに混んでないね。
　　　　　ジェフ：いつもはこれよりもひどいの？
　　　　　マヤ：そうね。朝のラッシュアワーなんてこれの倍はひどいよ。

第6章
形容詞・副詞

◎ 「接尾辞」-able の真髄に迫る

◎ 形容詞を並べる順番は？

◎ 「頻度を表わす副詞」の位置は？

◎ almost =「ほとんど」でいいのか？

◎ 形容詞・副詞を修飾する「数字をともなう名詞」の位置

「接尾辞」-able の真髄に迫る

　本セクションでは、「形容詞の接尾辞」を取り上げます。英文法学習ではさほど重視されていませんが、知っておくと役立つルールがあるのです。その中から、-able について解説します。-able は動詞に付く場合と名詞に付く場合がありますが、ここでは動詞に付く -able を取り上げます。
　まずは単語テストにチャレンジしてみましょう。

【問題1】次の1〜4にある2組の単語の意味の違いを答えてください。
1. forgetful — forgettable
2. respectful — respectable
3. envious — enviable
4. regretful — regrettable

　単語力に自信のある人でも、こうして並べられると、即座に正解するのはかなりむずかしいのではないでしょうか？　これらの単語については、英語の先生から「まぎらわしいから注意しよう」としか言われず、丸暗記させられるのがつねでした。

■ 受動的な意味に注目しよう
　接尾辞 -able の働きがしっかり理解できるようになると、混乱しがちな形容詞の意味が驚くほど簡単に整理できます。

《-able で終わる形容詞が示す意味》

① 可能「〜できる」　　② 受動「〜される」

　-able に「**可能（〜できる）**」の意味があることは、movable（動かせる）や detachable（取り外せる）や eatable（食べられる）といった単語から、ご存じの方も多いかと思います。しかし、この意味だけを知っていても冒頭の単語テストでは、ほとんど歯が立ちません。ここでは、-able に、②の「**受動（〜される）**」の意味

があることを押さえていただきたいのです（-ible も同様に受動の意味がありますが、表記の簡略化のため、今後も -able とだけ書きます）。-able が「受動」ということは、「それ以外の接尾辞は能動」の意味と考えることができます。

よって、問題の 1 の forgetful の -ful は「能動」の意味で、「忘れる性質の」⇒「忘れっぽい」となります。他方、forgettable は「受動」の意味なので、「忘れられるような性質の」⇒「忘れられがちな、影の薄い」⇒「忘れられやすい」となるのです。

2 の respectful と respectable も同様で、respectful の -ful は「能動」の意味ですから、「尊敬の念でいっぱいの」⇒「敬意を示す」となります。他方、respectable は「受動」の意味で、「尊敬される」⇒「尊敬に値する」⇒「（尊敬されるくらい）立派な」となります。あこがれの人の前で、「あなたを尊敬しています」と伝えたければ、I am respectful to you. です。I am respectable. とすると、「自分は尊敬される人物です」の意味になってしまいます。

以下に問題の解答も含めて、誤りやすい形容詞を表でまとめました。

《まぎらわしい形容詞》

元の動詞	能動	受動
forget（忘れる）	forgetful（忘れっぽい）	forgettable（忘れられやすい）
respect（尊敬する）	respectful（敬意を示す）	respectable（尊敬される、尊敬すべき、立派な）
envy（嫉妬する）	envious（嫉妬している）	enviable（嫉妬されるぐらい良い）
regret（後悔する）	regretful（残念に思っている）	regrettable（悲しまれる、悲しむべき）

《正解》
1. forgetful（忘れっぽい）　　forgettable（忘れられやすい）
2. respectful（敬意を示す）　　respectable（尊敬される、尊敬すべき、立派な）
3. envious（嫉妬している）　　enviable（嫉妬されるぐらい良い）
4. regretful（残念に思っている）　　regrettable（悲しまれる、悲しむべき）

■ available も接尾辞で意味を判別する

動詞の avail（使う、利用する）の形容詞に、**available** があります。これも -able

が持つ「受動」の意味をもとに解釈し、「**使われる[使える]**」と覚えておくのがオススメです。

　この場合 avail は use と同じ意味ととらえて、「**available =『使われる（can be used）』**」と頭に入れておけば、available の主語には「**使われる対象**」が来ることがわかります。たとえば、The telephone is *available*. なら「**電話を利用できます**」という意味です。

　仮に主語を「私」にして、I am *available*. とすると、「私は使える」⇒「**私は手が空いています**」という意味になります。「ご用があれば、いつでもまいります」の意味で、I'm always *available* if you should need me. のように用いることができます。

《available の意味》

①「利用できる」「手に入る」　※主語は「物」
　例：This book is not readily *available* in Japan.（この本は日本では簡単に手に入らない）
②「都合がつく」　※主語は「人」
　例：Are you *available* this afternoon?（今日の午後、空いていますか？）

　英語圏を旅行していると NO ROOMS ***AVAILABLE*** という掲示を目にすることがあります。これはホテルなど宿泊施設の「満室」という意味です。「使える部屋がない」⇒「満室」ということです。available は日常生活のさまざまな場面に登場する便利な単語であることから、最近は大学入試でも次のような問題で出題されています。

【問題2】次の英文のカッコ内に入る適語を選びなさい。
　Not enough water is (　　) to victims in the disaster-stricken area.
　1. eatable　　2. comfortable　　3. available　　4. enjoyable

《正解・和訳》3. available
　　　　　　　被災地の被災者の方たちには、水が十分にいきとどいていない。

■ 未知の単語にも応用可能

　ここまで -able の持つ「受動」の意味から、まぎらわしい単語を整理してきましたが、この方法は、なじみがあるのになんとなく意味がピンとこない単語にでく

わした時にも活躍します。

　たとえば、She is *likable*. という文が、とある難関大学の長文に出てきたことがあります。この **likable** は、簡単そうに見えて、解釈が容易ではない単語です。動詞の like は知っていても、likable はお目にかかる機会が少なかったかもしれません。この場合も、接尾辞 -able に注目して、**be likable = can be liked** と考えれば、「彼女は好かれるような人」⇒ **「彼女は好感が持てる」「彼女は感じがいい」** と推測できるはずです。

　さらに別の難関大学では、The painting is immediately *recognizable* as a Pablo Picasso. というような英文が出題されました。この文の意味がわかりますか？　**recognizable** の -able は「受動」を示すので、**be recognizable = can be recognized** と考えれば、**「その絵はすぐにピカソの作品だとわかる」** と解釈できます。

形容詞を並べる順番は？

本セクションでは、「形容詞の語順」を取り上げます。まずは、入試問題に挑戦してみましょう。

【問題1】次の英文のカッコ内に入る適語を選びなさい。
They were enjoying watching these (　　) flowers in the park for the long time.
1. little three yellow
2. yellow three little
3. three yellow little
4. three little yellow

形容詞の正しい語順を問う問題ですが、「何となくそう思うから」といった基準でしか解答できないのではないでしょうか？　むりもありません、従来の参考書には、以下のような記述しかないからです。

(-_-;)《従来の丸暗記型英文法が定義する形容詞の語順》

数・大小・性質	新旧／老若	色彩・材料・名詞
a small expensive	new	white leather hat

このまま覚えるのはあまり効率がよくありませんよね。では、機械的な暗記に頼らないですむ対策を考えてみましょう。

■「人間の認識」との関係

形容詞の語順は、人間の認識のプロセスと関係があります。**形容詞の語順は、人間が人やものごとを認識するプロセスとは逆になる**のです。どういうことか、上の問題を使って具体的に説明しましょう。

ここでは、three, yellow, little と書いた3枚のカードを、適切な順番に並べるにはどうすればよいかを例にします。たとえば、黄色い小さな花を3本買いに、大きな花屋に立ち寄った場面を想像してみてください。カードに書かれた単語をどういう順番で意識しますか？

まず、最初に選ぶカードは yellow ですね。いきなり小さな花を選んで、「なんだ、

黄色じゃない…」とは考えないはずです。あるいは、3本の花を手に取ってから、「あっ、黄色じゃない」とは思わないでしょう。花屋に入ったら、最初は、「黄色」を念頭に置いて花を探すはずです。つまり、1番目のカードには yellow を選ぶことになります。

ここで覚えておいていただきたいのは、「**人間が最初に認識するものは、英語の語順では最後に来る**」ということです。とりあえず "（未定）（未定）yellow" の順番に並べておきましょう。

次に選ぶのは three と little どちらのカードでしょうか？ 大小さまざまな黄色の花の中から、大きさを比較して、その中から「小さい」花を見つけようとするので、当然 little ですね。

間違っても、いきなり花を3本手にして「あれ、小さくないや」とは言わないはずです。目の前にある「黄色い小さな花」を「1本、2本、3本」と数えるのが自然です。したがって、yellow と little を選んでから、最後に three のカードを選ぶことになります。

すでに述べたように、「人間の認識のプロセス」と「形容詞の語順」は逆になるので、以下のとおりになります。矢印の向きに注意してください。

▼認識の順番：three ← little ← yellow
▼形容詞の語順：three → little → yellow

したがって、問題の**正解は 4. three little yellow** になります。

《正解・和訳》4. three little yellow
　　　彼らは長い間、公園でこの3つの小さな黄色い花の観賞をしていた。

■ 決め手は本質に近いか否か

「形容詞の語順は人間の認識のプロセスとは逆になる」を、英文法の観点から「**修飾する名詞の本質に近い形容詞ほど、その名詞の近くに来る**」と言い換えることができます。three little yellow flowers では、flowers の直前にある yellow は、その花のいちばん本質的で重要な特徴です。花が色を変えるというのはそう滅多に起こることではありません。

これに対して little は、一瞬で大きさが変わることはないものの、時間をかけて変わっていくことはありえます。yellow よりは、その花の本質から離れるわけです。そして最後の three は、いちばん本質とはかけ離れたものです。花の数は、その

花を買おうとする人の意思次第でどうにでもなります。

　いかがでしたか？　従来の英文法の学習とはアプローチが違うと感じたかもしれません。機械的に見える文法事項にも、人間の血がかよっていることを理解していただけたのではないでしょうか。
　では最後に、センター試験の問題を使って復習してみましょう。かなり細かく思える形容詞の語順に関する問題も、実際の入試には出ているのです。

【問題2】次の英文のカッコ内に入る適語を選びなさい。
　The Browns live in a (　　) house.
　1. big, white, two-story　　　　2. two-story, white, big
　3. white, big, two-story　　　　4. white, two-story, big

（平成6年度センター試験）

---

　two-story，white，big で形容されるブラウン一家が住む家を探すことを想定してみましょう。まず探すのは two-story（2階建て）です。その次は、white と big のどちらを頭に入れて探しますか？
　white ですね。「白い家」を探して、その家の前で「大きいかどうか」を判断するはずです。逆に「大きい家」を探して、次に「白いかどうか」を判断することはないですよね。よって、形容詞の語順はその逆ですから、**正解は1の big, white, two-story** になります。
　ちなみに、story には「階」という意味があります。中世ヨーロッパでは、建築物の各階をはっきり示すために、それぞれの窓や外壁にいろいろな「歴史物語」を描きました。2階建てなら、2種類の物語が描かれていたわけです。そこから story に「階」という意味が生まれたといわれています。

《正解・和訳》1. big, white, two-story
　　　　　　　ブラウンさん一家は大きな白い2階建ての家に住んでいます。

「頻度を表わす副詞」の位置は？

　本セクションでは、always や never などの「頻度を表わす副詞」の位置について解説します。まず、こうした副詞に関する入試問題に挑戦してみましょう。

【問題1】次の英文のカッコ内に入るものを選びなさい。
(　　) logically when you write an email to your supervisor.
1. Always try to write　　　　2. Try to write always
3. Not try to write　　　　　　4. Try to write never

　副詞の位置には厳密なルールはなく、ある程度自由なのが実情です。たとえば、yesterday は文頭・文末のどちらにも置くことができます。そのため多くの英語学習者は混乱してしまうのですが、入試では、このようなどちらにも置ける副詞は（解答が2通りになってしまうので）出題されません。
　「置くべき場所が確実に決まっている」、ほんの一部の副詞だけが出題されるのです。位置が決まっている副詞に「頻度を表わす副詞」があります。そして、学校の授業では以下のような面倒なルールを暗記させられてきました。

　　　　　　(-_-;)《従来の丸暗記型英文法が定義する「頻度を表わす副詞」》
「頻度の副詞」は、be 動詞のあと、助動詞のあと、一般動詞の前に置く。

　しかし、実際には、こうした暗記は不要です。数多く存在する頻度を表わす副詞を眺めてみることで、ある一定の法則が見つかるのです。

■「すべて not の仲間」と考える
　頻度を表わす代表的な副詞を列挙してみます。パーセントは大体の目安です。

```
100 パーセント：always（いつも）
80 パーセント：usually / generally（たいてい）
60 パーセント：often / frequently（しばしば）
50 パーセント：sometimes（ときどき）
20 パーセント：occasionally（たまには）
10 パーセント：seldom / rarely（めったに〜ない）
5 パーセント：hardly ever / scarcely ever（ほとんど〜ない）
0 パーセント：not / never（いっさい〜ない）
```

囲みの中には全部で 13 の副詞（句）があります。この中で、中学 1 年の時に最初に学ぶ基本的な副詞があります。どれでしょうか？ not ですね。not の位置は誰でも容易に推測できます。**頻度の副詞は、パーセントの程度に差こそあれ、すべて「not の仲間」**です。ということは、「頻度の副詞は not と同じ位置」と考えれば、悩む必要はなくなります。

そこで「頻度の副詞は、be 動詞のあと、助動詞のあと、一般動詞の前に置く」という従来の説明が、「not と同じ位置」になることを確認してみましょう。

```
【be 動詞のあと】 I am *not* a student.
【助動詞のあと】 I can *not* play the piano.
【一般動詞の前】 I do *not* live in Tokyo.
```

これで面倒なルールの暗記は不要ということが、納得できたと思います。では、最初に挙げた問題に戻りましょう。always や never は「not と同じ位置」ですから、don't try to write としてみればわかるように、try の前に置きます。したがって、**正解は 1. Always try to write** です。

《正解・和訳》1. Always try to write
　　　　　　上司にメールを送る時は、つねに論理的に書きなさい。

■ 偉人の名言で再確認
　フランスのファッション・ブランド「シャネル」の創業者、ココ・シャネルの言葉で、always が「not と同じ位置」にあることを確認してみましょう。

> **In order to be irreplaceable, one must *always* be different.** (唯一無二の存在となるためには、つねに他者とは違っていなければならない) —— **Coco Chanel**

　従来の説明では「頻度の副詞は、be 動詞のあと、助動詞のあと」なので、この文のように助動詞（must）と be 動詞が一緒に出てきたら、always の位置はどこか困ってしまいそうですが、「not と同じ位置」と考えれば簡単ですね。must ***not*** be ですから、must ***always*** be の順番です。

　また、irreplaceable という単語がむずかしいですが、語尾に接尾辞の -able があることに注目してください。接尾辞 -able は「受動」の意味です（『接尾辞』-able の真髄に迫る」[64 ページ]）。replaceable が「replace（取り換える）を**されうる**」⇒「取り換えられる、代わりのある」という意味ですから、その否定の irreplaceable は、「取り換えられない」⇒「かけがえのない、唯一無二の」という意味になります。

　最後に応用問題に挑戦してみましょう。

> 【問題 2】次の日本文と同じ意味になるように、与えられた語句を正しく並べ替えなさい。
> 「わくわくするようなことは彼女には何も起こらなかった」
> Nothing [happened / to / ever / thrilling] her.

　まず主語になるのが、Nothing thrilling です。この主語に対する動詞が happened ですから、〈 物事 happen to 人 〉（ 物事 が 人 に起こる）という構文になることがわかります。

　問題は残った ever の位置です。ever の位置について明確な説明をした参考書はほとんど見当たりませんが、入試で出題されることがあります。

　先ほど挙げた頻度を表わす代表的な副詞の中に、never がありましたね。never の反意語が ever（これまでに）です。**意味は反対であっても「位置（使い方）は同じ」**と考えれば、ever もやはり not と同じ位置で、この英文では一般動詞 happened の直前に置けばいいわけです。**正解は、Nothing [thrilling ever happened to] her.** となります。

《正解》Nothing [thrilling ever happened to] her.

形容詞・副詞

almost =「ほとんど」でいいのか？

　本セクションでは、副詞の almost を取り上げます。
　野球のイチロー選手が偉大な記録を打ち立てた時、ある英字新聞の記事は、そのコメントを、"I almost cried." と伝えていました。almost を「ほとんど」という日本語で考えてしまうと、この英文は「ほとんど泣いた」という不自然な日本語になってしまいます。almost =「ほとんど」でいいのでしょうか？
　まずは、次の問題を解いてみてください。

【問題1】次の英文のカッコ内に入る適切な語句を選びなさい。
　June is still at the airport because she (　　) her plane to Paris.
　1. almost missed　2. is almost missing　3. is just missing　4. just missed
（平成11年度センター試験）

【問題2】与えられた語句を用いて、8語の英文にしなさい。
　昨日プールであやうく溺れてしまうところだった。
　[I / drowned]

■ キーワードは「あともうちょっと」

　almost はよく「ほとんど」と日本語に訳されますが、これは正確ではありません。**almost のイメージは「あともうちょっと」**で、「**少し足りない、完全ではない**」といった意味合いになります。「ほとんど満点だ」が「100点に少しだけ足りない」のと同じことです。クイズ番組などで不正解だった場合、「おしい！」という意味で、"Almost!" が使われることがあります。
　動詞を修飾する際も、**almost ＋ V（動詞）の語順で、「もう少しで～しそうだ（実際はしない）」**という意味になります。He ***almost*** won the race. は、「彼はもう少しでそのレースに勝つところだった」という意味で、ここでも「ちょっと足りない、完全ではない」というニュアンスが生きてくるわけです。
　ある日、予備校の授業で、「私が朝食で食べるのは、ほとんどが果物です」の意味になるように、I (　　) eat some fruit for breakfast. の空所に almost か mostly のいずれかの語を入れよ、という問題を出題しましたが、正解率はあまりよくありませんでした。

「ほとんど」という日本語につられて almost を選ぶと、「もう少しで食べるところだ（でも食べない）」という意味不明な文になってしまいます。**正解は mostly**（たいていの場合、概して）になります。

では、【問題1】を見てみましょう。この問題の選択肢には、almost を含んだ語句がありますが、これまでの説明から正解を導き出せるでしょうか？ 1. almost missed は「もう少しで逃しそうだった（実際は逃さなかった）」という意味になり、問題文の前半 June is still at the airport と内容が合いません。2. is almost missing も同様の理由で不可です。

正解は、4. just missed で、これだけが「（完全に）逃した、乗り損ねた」という意味になります。3. is just missing は現在進行形ですから、「逃しつつある途中だ」、つまり「まだ逃していない」という意味になり不適切です。

《正解・和訳》
【問題1】 4. just missed
パリ行きの飛行機に間に合わなかったので、ジェーンはまだ空港にいる。

■「半泣き」を英語にするむずかしさ

ここで、最初に触れたイチロー選手のコメントを見てみましょう。もうおわかりですね。I *almost* cried. は、**「もう少しで泣きそうになった」**ということです。これを「ほとんど泣いた」と訳してしまうと、正しい意味が伝わりませんし、「ずっと泣いていた」と誤解される可能性もあります。

イチロー選手は実際、日本語で**「半泣きになった」**と述べたのですが、この「半泣き」を英語にするのは容易ではありません。私の手元にある和英辞典を5冊チェックしてみましたが、「半泣き」は見つかりませんでした。

これを英語にするにあたっては、2つの大きなポイントがあります。1つは「半泣き」という日本語の意味、もう1つは cry という単語の意味です。『広辞苑』では「半泣き」を「目に涙をためながら泣くまいと我慢している顔付き」と定義しています。つまり、目に涙を浮かべながらも「泣いてはいない」わけです。この**「〜してはいない」に almost がピッタリ**なのです。

また、「泣く」といえば、最初に頭に浮かぶ単語は cry ですが、「泣く」以外にも「叫ぶ」という意味もあります。cry は「声を上げて泣く」という意味が一般的ですが、「涙を流す」だけのこともあります。

どうやらイチロー選手は、目は潤んだものの、号泣して涙を流したわけではな

いので、大泣きする寸前というニュアンスを含む I *almost* cried. がいちばん適切な表現だと思います。

■ 類義語の nearly にも着目

　almost とほぼ同じ意味を持つ単語に **nearly** があります。almost が「あともう少しのところである状態に達していない」のに対して、nearly は**「目標に近づいていて、もう少しで到達できそう」**であることを強調しています。**almost ≒ very nearly** といった関係で、ほとんど意味に差はないので、大学入試で almost と nearly の違いを問われることはありません。

　むしろ、nearly は near（近くに）と区別することが必要な単語です。nearly は本来「〜に近い状態」という意味で、そこから almost とほぼ同じ意味を持つようになりました。

　そこで【問題2】を見てください。「あやうく溺れてしまうところだった」というのは、「もう少しで溺れてしまいそうだった」⇒「溺れていない」と考えることができるので、almost が使えますが、nearly でも言い換えられます。almost [nearly] drowned という語順になるので注意してください。**正解の英文は、I was almost [nearly] drowned in the pool yesterday.** となります。

《正解》【問題2】**I was almost [nearly] drowned in the pool yesterday.**

形容詞・副詞を修飾する「数字をともなう名詞」の位置

　本セクションでは、「形容詞・副詞を修飾する数字をともなう名詞の位置」について考えてみます。これは実は盲点といえる文法事項で、耳慣れない説明になるかもしれませんが、大学入試で問われるだけでなく、日常的に頻繁に目にする重要事項です。
　まずは入試問題を解いてみてください。

【問題1】与えられた語句を用いて、11語の英文にしなさい。
「彼女は嵐が来る3日前に私を訪ねてきた」
[see / hit]

【問題2】次の英文のカッコ内に入る適語を選びなさい。
The pool is (　　) at this point.
1. deep several meters　　　2. several meters deep
3. several deep meters　　　4. deep by several meters

【問題3】与えられた語句を適切に並べ替えて英文を完成させなさい。
I saw George [of / front / sitting /three / in / me / rows].

■ soon after ... は「どのくらいあとなのか」を明示する
　野球の上原浩治選手を報じた記事を目にしました。

Soon after joining **the major leagues, Uehara moved from a starting role to the bullpen after injuring his arm.**

　文頭の Soon after joining ... の部分を見てみましょう。仮に文頭の soon を除いて after ... という副詞句だけでも英文の構造上は問題がなく、意味も大きく変わりません。
　しかし、after だけでは、1日後なのか、1年後なのか、10年後なのか、わかりません。そこで詳細を正しく伝えたい時は、**副詞句 after ... の直前に soon を置く**ことで、**「どれくらいあとなのか」明示**できます。soon は「副詞」です。副詞は「名詞以外」を修飾し、「ほかの副詞（副詞句、副詞節）」も修飾できます。したがって、

soon after ... で「〜のすぐあとに」という意味になるわけです。よって、先ほどの英文は、「上原はメジャーリーグ参加直後に腕をけがして、先発からブルペン要員にまわった」となります。

■ soon は数字をともなう名詞に置き換えられる

また、soon after ... について Collins COBUILD Advanced Learner's Dictionary の soon の項目に以下の記述があります。

If something happened *soon after* a particular time or event, it happened *a short time after* it.

前半の soon が、後半では a short time に置き換えられています。つまり、**after の直前の soon の位置に、「名詞」、特に「数字をともなう名詞」を置くことも可能**なのです。たとえば、先ほどの上原選手に関する英文の after の前に two years を置いて、Two years after... とすれば「大リーグでデビューした2年後に」という意味になります。

では、問題を見ていきましょう。

今述べた文法知識が問われているのが、【問題1】です。まず、「彼女は嵐が来る前に私を訪ねてきた」を英語にしてみましょう。文の骨格となる主語＋動詞は、「彼女が訪ねて来た」です。「訪ねた」と聞くと、visited を使いたくなりますが、語群に see があるので「私に会いに来た」と考え、She came to see me とします。そして、「嵐が来た」は、語群の hit を使って the storm hit と表わせるので、文全体では She came to see me before the storm hit. となります。ただし、このままでは「嵐が来たどれくらい前なのかはっきりしない」ので、before で始まる副詞節の前に「数字をともなう名詞」の three days を置けばいいのです。**正解は、She came to see me three days before the storm hit.** となります。

《正解》【問題1】 She came to see me three days before the storm hit.

■ 大学受験であいまいな知識は禁物

形容詞・副詞を修飾する数字をともなう名詞の位置については、単語をつなげれば意味が取れてしまうため、受験生は「なんとなく」解いてしまう傾向があります。しかし、いい加減に理解している人は要注意です。

【問題2】では、「深さが〜ある」という深さを表わす表現で使われる数字をともなう名詞の位置が問われています。選択肢を見て、どれも正しいように感じた

人は多いかもしれません。
　英文の骨格は、The pool is deep at this point. で、「そのプールはこの場所が深い」という意味です。そして「どのくらい深いか」を伝えたい時は、形容詞 deep の前に数字をともなう名詞を修飾語として置けばいいのです。**正解は、2. several meters deep** です。deep のほか、long や wide も同様です。

《正解・和訳》
【問題2】　2.　several meters deep
　　　　　　そのプールはこの場所では数メートルの深さだ。

　最後は【問題3】です。まず、saw という知覚動詞に注目してください。see ＋ O（目的語）＋ C（補語）で「O が C するのを見る」という意味になります。C には動詞の原形のほか、動詞の ~ing 形や過去分詞が来ることも可能なので、I saw George sitting ... となることがわかります。残った選択肢の中から in front of（〜の前に）という熟語を作るのは簡単ですね。
　この時点で、I saw George sitting in front of me. となり、最後に残った three rows をどこに置くのかがこの問題の最大のポイントになります。とは言え、これまでの説明が理解できていれば、soon after ... や three days before ... と同じパターンであることに気づくはずです。このままでは「ジョージが私の前に座っているのが見えた」というだけで、「すぐ前なのか、何列も前なのか」が不明です。そこで、副詞句の in front of me の前に three rows を置けばいいわけです。**正解は、I saw George [sitting three rows in front of me].** となります。

《正解・和訳》
【問題3】　I saw George [sitting three rows in front of me].
　　　　　　ジョージが私の3列前に座っているのが見えた。

第7章

疑問文・否定文・命令文

◎ 「否定疑問文」の正しい答え方

◎ notを使わない「否定表現」

◎ 「命令文」の本質に迫る

「否定疑問文」の正しい答え方

　Don't you ～？（～じゃ**ない**よね？）のような否定で始まる疑問文を「否定疑問文」といいます。本セクションでは、この構文について解説します。まずは入試問題にトライしてみましょう。

【問題1】次の英文のカッコ内に入るものを選びなさい。
　A：Didn't you read the book?
　B：(　　　)
　1. Yes, I didn't have the chance.
　2. No, I didn't have time.
　3. Yes, I couldn't do it.
　4. No, I did it.

　4つの選択肢がまぎらわしいので、かなり苦戦するかもしれません。否定疑問の答え方に関しては、学校では「Yes を『いいえ』と、No を『はい』と訳す」と教えられてきたのではないでしょうか？

(-_-;)《従来の丸暗記型英文法が定義する否定疑問文》
　否定疑問文の応答では、Yes を「いいえ」と、No を「はい」と訳す。

　私自身も中学生の時はこのルールにしたがっていたのですが、実際にはオススメできません。その理由は、このように英語を一度日本語に「変換」してから考える習慣がつくと、実際の会話のスピードにはついていけないからです。ちなみに、即答が求められる TOEIC テストのリスニングでも否定疑問文を使った問題が頻繁に出題されています。

■「相手に合わせる」のが日本語
　否定疑問文を攻略するには、「**日本語は相手に合わせる／英語は事実に合わせる**」という特徴を理解することです。「日本語は相手に合わせる」とは、「日本語では

相手の質問が正しいか否かを答える」と言い換えることもできます。相手の質問が正しければ「はい」を、間違っていれば「いいえ」を用いるのが日本語の特徴なのです。たとえば、「朝ごはん食べなかったの？」⇒ ①「**はい、食べませんでした**」／②「**いいえ、食べました**」といった具合です。

　①では、「食べなかった」という相手の質問内容が正しかったので、それに対してまず最初に「はい」と答え、そのあとに「食べなかった」という事実を述べています。それに対して②では、「食べなかった」という質問内容が間違っていたので、それに対してまず最初に「いいえ」と答え、そのあとに「食べた」という事実を述べているわけです。

■「事実に合わせる」のが英語

　他方、英語の世界では、相手の質問によって答え方が変わることはありません。相手ではなく、「事実に合わせる」のです。言ってみれば、相手の顔色を見るのではなく、今朝自分が朝ごはんを食べている姿を思い浮かべながら返答するイメージです。英語では、普通の疑問文か否定疑問文かにかかわらず、肯定の事実があるならつねに Yes を、否定の事実があるならつねに No を使います。

《**否定疑問文の答え方**》

> 否定疑問文では、「肯定の事実⇒ Yes，否定の事実⇒ No」と答える。

英文で確認してみましょう。
　"***Didn't*** you have breakfast this morning?"（今朝、朝食を食べなかったの？）
⇒ "**Yes, I did.**"（いいえ、食べました）/ "**No, I didn't.**"（はい、食べていません）

■ not を無視してみよう

　「普通の疑問文」と「否定疑問文」を比べた場合、日本人の英語学習者が迷わず返答できるのは前者です。しかし、どちらでたずねられても答え方は１つです。したがって、これからは、否定疑問文にでくわしたら、「**not を無視する**」と考えるようにしてください。たとえば、***Aren't*** you going to eat the pie?（そのパイ食べないの？）なら ***Are*** you going to eat the pie?（そのパイ食べるの？）とまったく同じ意味と解釈すればよいのです。

　では、【問題１】を見てみましょう。***Didn't*** you read the book? を ***Did*** you read the book? に置き換えれば、自然な返答は、**2. No, I didn't have time.** だけです。ほかの選択肢は Yes / No と、それにつづく内容が矛盾しています。

《正解・和訳》 2. **No, I didn't have time.**
　　　　　　A: その本、読まなかったの？
　　　　　　B: うん、時間がなくて読んでない。

　従来の英文法で学んだ「Yesを『いいえ』と、Noを『はい』と訳す」という考え方で答えようとすると、混乱して、どれも正解に見えてしまいます。心掛けることはただ１つ、「notを無視する」だけです。

　最後にもう１問解いてみましょう。

【問題２】次の英文のカッコ内に入るものを選びなさい。
　Sonia：Do you think we'll be able to go to the mountains tomorrow?
　Yoko：Why do you ask?（　　）
　Sonia：No. I'm worried that it might rain, though.
　1. Will we be able to finish our homework?
　2. Will the weather be OK?
　3. Don't you want to go?
　4. Has there been any change of plan?

（平成17年度センター試験）

　この問題のポイントは、Soniaの返答のNo. にあります。3を選んだ人はいないでしょうか？　否定疑問文の「notを無視する」というルールにしたがって、Don't you want to go?（君は行きたくないの？）をDo you want to go?（君は行きたいの？）に置き換えます。そうするとSoniaの返事は「行きたくない。でも雨が心配」となり、意味がとおりません。会話の流れに合うのは、**4のHas there been any change of plan?**（計画に変更があったの？）だけです。

《正解・和訳》 4. **Has there been any change of plan?**
　　　　　　ソニア：明日、山に行けると思う？
　　　　　　ヨーコ：どうして聞くの？　計画に変更があったの？
　　　　　　ソニア：ないわ。でも、雨が降らないか、心配なの。

not を使わない「否定表現」

　否定と言えば not が頭に浮かぶと思いますが、not は時に「キツイ」印象を与えてしまうこともあります。日本語でも、異性に告白された時に「あなたとは付き合え**ない**わ」の代わりに、「お友だちでいましょう」と否定表現を使わずにやんわり断る場合がよくあります。

　英語にも not を使わずに否定の意思を伝える方法がいくつかあります。大学受験ではそれらの表現と意味を熟語の一種として、機械的に暗記するのがつねでした。しかし、むりに自然な日本語で覚えようとせず、「直訳」で攻めれば、その本質が容易に見えてきます。

　では、これから入試問題をとおして、この not を使わない否定表現を解説していきます。

■ なぜ the last ～が否定表現になるのか？

【問題１】次の英文のカッコ内に入るものを選びなさい。
　Linda has never kept her words. She is the (　　) person we can trust.
　1. latter　　　2. least　　　3. first　　　4. last

従来の丸暗記型英文法では、次のように習ったと思います。

(-_-;)《従来の丸暗記型英文法が定義する the last》

〈the last ＋ 名詞 〉＝「もっとも～しそうにない 名詞 」
※ last には否定の意味がある

しかし、last はあくまで「**ラスト（最後の）**」です。たとえば、the *last* man to tell a lie なら「（知り合いの中の）ウソつきランキングでラストにくる」⇒「いちばんウソをつきそうにない」になるだけです。この問題も the last person we can trust の「信用ランキングでラスト」という意味がしっかり理解できていれば、それで十分なのです。**正解は 4. last** です。

《正解・和訳》 4. last
　　　　　　リンダは約束を守ったことがない。彼女はもっとも信用できない人だ。

■ なぜ far from ～が否定表現になるのか？

【問題2】次の英文のカッコ内に入るものを選びなさい。
The hamburger was so spicy that it was (　　) from delicious.
1. less　　2. way　　3. far　　4. tired

　正解は 3. far で、従来の公式「**far from ～ ＝ 決して～ではない**」にしたがって訳せば、「そのハンバーガーは、スパイスが効きすぎていて、決しておいしくなかった」です。far from ～は、直訳すれば「**～からほど遠い**」です。日本語でも「彼は芸術家からはほど遠い」という表現が普通に使われますね。far from をむりに「決して～ではない」と暗記するのではなく、素直に「ほど遠い」と解釈すれば十分なのです。
　far from delicious なら「おいしいと言える味からほど遠い」⇒「とてもおいしいとは言えない」、***far from*** satisfying なら「満足からはほど遠い」⇒「とても満足できるものではない」となります。

《正解・和訳》 3. far
　　　　　　そのハンバーガーは、スパイスが効きすぎていて、決しておいしいと言えるものではなかった。

■ なぜ anything but ～が否定表現になるのか？

【問題3】次の英文のカッコ内に入るものを選びなさい。
Swimming alone in the ocean after dark is anything (　　) safe.
1. but　　3. or　　4. however　　2. and

　「**anything but ～ ＝ ～どころではない、少しも～ない**」と丸暗記させられたのではないでしょうか？　これも but に「～以外に」の意味があることを押さえておけば、「**～以外（but）、何でもあり（anything）**」という直訳で十分解釈できます。たとえば He is ***anything but*** kind. なら「親切以外、何でもあり」で、カッコよくて背も高く、頭もいいが、「kind だけはあてはまらない」ということで、「親切

だなんてとんでもない」となるわけです。【問題３】では、***anything but*** safe で、「安全以外、何でもあり」⇒「ちっとも安全ではない」となります。**正解は 1. but** です。

　ところで、この前置詞 but の用法を知らない受験生が意外に多くいます。センター試験でもよく狙われるので、一度辞書で確認しておくことをオススメします。少し細かい話になりますが、anything ***but*** も far ***from*** も、あとには本来「名詞」がくるはずですが、cheap のような「形容詞」も許されるのをご存知でしょうか？おそらく、英語のネイティブの頭の中では、**"anything but / far from ＝ not"** と認識されているためと推測できます。

《正解・和訳》 1. but
　　　　　　　暗くなってから１人で海で泳ぐなんて、まったくもって安全じゃない。

■ なぜ〈remain to be ＋ 過去分詞〉が否定表現になるのか？

【問題４】次の英文のカッコ内に入るものを選びなさい。
It remains to be (　　) whether Jack can do well enough on the final exam to pass the course.
1. seeing　　　2. to seen　　　3. seen　　　4. to be seen

　正解は 3. seen です。「〈**remain to be ＋過去分詞**〉＝**まだ〜されていない**」という決まり文句として、受験英語ではおなじみです。
　to 不定詞は「未来志向」で「これから〜する」というニュアンスを持つことはすでに学びました（第４章の「『to 不定詞』の本質を理解する」[36 ページ]）。したがって、〈remain to be ＋過去分詞〉の直訳は「**これから〜される（to be ＋過去分詞）まま残っている（remain）**」となります。たとえば、「その本はこれから読まれる状態のまま残っている」とは、要は「まだ読んでいない」ということですね。
　この問題では、「〜かどうか（whether）は、これから理解される（to be seen）状態で残っている」⇒「**ジャックがその科目の単位を取れるくらい期末試験がよくできるかどうか、まだわからない**」となります。

《正解・和訳》 3. seen
　　　　　　　ジャックがその科目の単位を取れるくらい期末試験がよくできるかどうか、まだわからない。

■ なぜ have yet to ～ が否定表現になるのか？

> 【問題5】次の英文のカッコ内に入るものを選びなさい。
> You may be good enough to be on this team. But I have yet (　　) you play in an actual game. We need to see how you perform under pressure.
> 1. see　　2. seeing　　3. seen　　4. to see

　正解は、**4. to see** です。「**have yet to ～＝まだ～していない**」という意味になります。yet を指で隠してみてください。**have (yet) to ～**という感じで、**もともと have to ～に yet が加わっただけ**なのです。直訳すれば、「**(まだ) ～しなくてはいけない状態**」となります。たとえば、「まだ宿題をしなくてはいけない状態」＝「まだ宿題をやって**いない**」ですね。
　【問題5】の英文の意味は、「実戦での君のプレーをまだ見なければいけない状態」⇒「実戦で君のプレーをまだ見ていない」となります。

《正解・和訳》 4. to see
　　　　　君はこのチームで十分にやっていけるかもしれない。しかし、実戦での君のプレーを見ていない。プレッシャーの中でどれだけできるか、見る必要がある。

　本セクションで取り上げた not を使わない否定表現はすべて、**はっきりと否定する not を避けた「遠回しな言い方」**に過ぎないのです。「直訳で考えれば表現の本質が見える」ことがおわかりいただけたと思います。

「命令文」の本質に迫る

　動詞の原形で始まる命令文は単純な構文なので、すでにマスターしていると思い込みがちです。でも、本当に理解できているのでしょうか？　じっくり検証していきましょう。

(-_-;)《従来の丸暗記型英文法が定義する命令文》

「命令文（〜しなさい）」は動詞の原形で文を始める。

　確かにこれなら、詳細な解説は必要なさそうですね。しかし、英語のネイティブが日常生活で使う膨大な数の命令文を説明するには不十分です。小説や映画のせりふの中には「きつい言い方には聞こえない」「そもそも命令ではなさそう」と感じる命令文がたくさんあります。
　たとえば、日常会話では「どうぞお座りください」の意味で、***Have*** a seat. という表現が使われます。また、飛行機の座席の前にある「シートベルトをお締めください」という意味の表示は、***Fasten*** your seatbelt. です。両方とも「〜しなさい」という、いわゆる「命令」のイメージとは異なります。

■ キーワードは「避けられない」

　そもそも「命令文」は、英語学では an imperative sentense と呼ばれています。imperative を辞書で引くと、最初に形容詞として「避けられない、どうしても必要な」という語義が載っています。つまり「相手がそうすることは避けられない／どうしても必要だ」という話し手の主観的な気持ちを表わす時に使うのが「命令文」なのです。
　たとえば、一緒にお茶でも飲みながら話がしたいので、相手にぜひ同じテーブルを囲んで座ってほしい時に ***Have*** a seat. が使われます。また、飛行機の離着陸の際は危険なので安全のためにどうしてもシートベルトを締めてほしいため、***Fasten*** your seatbelt. になるのです。このように「押しつけがましくない命令文」もあるのです。

■ 決まり文句にも着目しよう

　命令文が「日常会話の決まり文句」になっているものもあります。たとえば、タクシーの料金を払う際に言う「おつりは結構です」は、**Keep** the change. です。「あなたがおつり（the change）をキープすることは避けられない」⇒「ぜひおつりをもらっておいてください」という発想です。あえておつりを押しつけて相手に遠慮する余地を与えないことで、逆に親切な表現になるわけです。もし仮に「おつりは取りますか？」のような表現を使ったら、運転手は困惑してしまうかもしれません。

　ほかにも、「どうぞ」の意味で使う **Go** ahead. は、直訳すれば「（あなたの動作を）前に（ahead）進める（go）ことは避けられない」となります。この命令文も相手に遠慮する余地を与えないことで、親切心を伝えることができます。ちなみに、「命令文が親切な表現になる」という発想は、日本語にもあります。たとえば、「気をつけて」や「めしあがれ」は、文の形は「命令」ですよね。

　さて、ここまでの説明で命令文は奥が深く、しっかり使いこなすには、「避けられない」という本質を理解することが必要であると、おわかりいただけたでしょうか？　今後、英語のネイティブが使う命令文を見聞きしたら、ここで学んだことを思い出してください。今まで「命令」だと思っていたことも、実は**そうするのが避けられない状況を表わす命令文**や**押しつけることで親切を表わす命令文**だと気づく場面があるはずです。こういった経験を積み重ねることで、命令文の正しい用法が徐々に身についていくことでしょう。

■「動詞の原形」で始める理由は？

　では最後に質問です。なぜ命令文は動詞の原形で始まるのでしょうか？　英語の世界では、**「まだ起きていない」ことを表わすのに、「動詞の原形」を使う**という意識があります。**「命令文の内容」は、当然まだ起きていないこと**です。たとえば、新聞を読んでいる最中の人に **Read** the newspaper.（その新聞を読みなさい）とは言いませんね？　したがって、まだ起きていないことを表わす命令文には動詞の原形が使われるといえます。

　「動詞の原形はまだ起きていないことを表わす」という点を押さえておくと、いわゆる**「仮定法現在」**を理解する際にも役立ちます。

The manager demanded that Linda *get* permission from her supervisor.
（部長はリンダに、上司に許可を得るように、と求めた）

この文では文中にいきなり動詞の原形が出てきても不自然ではありません。「部長は、リンダにこれから（直属の）上司に許可を取るように求めた」のだと考えれば、なぜ原形の get なのかが理解できるはずです。

この発想は、もちろん受身形でも使われます。

He demanded that his picture *be* put on the wall. （彼は自分の絵を壁にかけるように要求した）

his picture 以下は受身形ですので、be 動詞の原形 be が使われているのです。これについては、第 9 章の「『suggest 型』の動詞と仮定法現在」（147 ページ）で詳しく説明します。

第8章

そのほかの文法事項

◎ 「受動態」を使う本当の意図は？

◎ 誤りやすい you の使い方

◎ 「There is 構文」の仕組み

◎ the other と another の使い分け

◎ 「不定代名詞」を攻略する

◎ 英文解釈に不可欠な「品詞」の知識

「受動態」を使う本当の意図は？

　学校の英語の授業では、受動態を〈be＋過去分詞〉で「〜される」と訳すと教えられます。そのため、「天ぷらは日本人によって食べられる」や「この手紙はケンによって書かれた」など、やや不自然ともいえる日本語にして受動態を学んだのではないでしょうか？

(-_-;)《従来の丸暗記型英文法が定義する受動態》

> 受動態は〈be＋過去分詞〉で「〜される」と訳す。

　しかし、「受動態の本質」はそれとはまったく違うところにあります。実は受動態が使われることには、「理由」が存在するのです。それを考えずに、ひたすら「〜される」という訳し方で対応しようとすると、意味を取り違えたり、英文和訳問題では誤訳をおかしてしまうかもしれません。

■ 受動態が使われる理由

　日本語の「れる・られる」という表現と、英語の受動態は、それぞれ用法がまったく異なります。日本語の「れる・られる」は主に「被害・利益」を表わします。たとえば「盗まれる」は被害を、「ほめられる」は利益を表わしています。他方、**英語の受動態は、「被害・利益」だけでなく、ほかにもさまざまな意図で使われます。**

　英語ではどうして受動態が使われるのでしょうか？　いくつか理由がありますが、以下の２つをここでは考えてみたいと思います。

《英語で受動態が使われる理由》

> ①「動作主を示すことができない、言う必要がない」から
> ②「主語と目的語の位置を変えたい」から

　では、①から見ていきましょう。
　He ***was killed*** in the war.（彼は戦死した）という文を見てみましょう。主語の「彼」（he）は戦争で命を落としてしまったようですが、誰に殺されたかというと、はっ

きりしません。「**動作主を示すことができない**」のです。よって、その動作主を主語にすることができず、殺された「彼」(he) を主語に立てて、受動態の文を作っているのです。

また、「**動作主を言う必要がない**」場合も、受動態が使われます。

I *was born* in Tokyo.（私は東京で生まれた）という英文は受動態です。文の最後に by ... で表わされる動作主が省略されていますが、それは何でしょうか？ あえて言えば、my mother, my parents です。しかし、それをあえて言わなくてもまったく問題ないですよね。「動作主を言う必要がない」ので、受動態が使われているのです。

今度はことわざを見てみましょう。

Beautiful flowers *are* soon *picked*. (美しい花はすぐに摘み取られてしまう)

美人は、運命にもてあそばれて不幸になりがちで、短い生涯で終わってしまうことも少なくない、いわゆる「美人薄命」を伝えていると思われます。

このことわざはあくまで「美しい花がすぐに摘み取られる」ということを伝えたいのであって、「**誰が摘み取るのか（動作主）」は示すことができないし、あえて言う必要もありません**。よって、受動態が使われています。

■ **語順を変えて意味を明確にする**

つづいて、前ページ②の「主語と目的語の位置を変えたい」という理由で受動態が使われることについて考えてみましょう。

Summer follows spring. という英文を例に挙げます。この文を直訳すれば、「夏は春を追いかける」となりますが、なんとなくぎこちない感じがしませんか？ 季節は「春→夏」の順でやってくるので、英文では「夏←春」と、うしろから前に読まされているように感じます。そこで「**春→夏**」**の順番になるように**、「**主語と目的語の位置を変えたい**」という心理が働き、受動態が使われるのです。

Summer follows spring.
→ Spring is followed by summer.
　　春　　→　　　夏

これで spring と summer の語順が、実際の季節の流れである「春→夏」の順番になりました。では、この英文を訳してみましょう。「春は夏によって追いかけら

れる」では日本語として不自然です。受動態にした理由は、「summer と spring の位置を変えたい」だけですから、その順番どおり**「春のあとには夏がくる」**と訳せばいいのです。（ちなみに、Summer follows spring. という文が使われるのは「夏の前に来るのは春なんだ」のように、「春」を強調したい時です。）

　このように「語順を変えて意味を明確にさせたい」という心理に基づいた受動態の用法を理解することが大切です。The meal ***was followed*** by dessert. という文も、「料理→デザート」という順番になり、「料理のあとにデザートが出た」ことが一瞬で伝わります。

■ be survived をどう考えるか？

では、ここで入試問題にチャレンジしてみましょう。

> 【問題】以下の英文を日本語にしなさい。
> 　Most men will be survived by their wives.

　この英文を「大半の男性は、奥さんによって長生きされる」と訳してしまうと、意味がはっきりしません。なぜ be survived という受動態が使われているのでしょうか？　元々の能動態は、A will survive B.（A は B より長生きする）という構文です。A さんのほうが長生きするということは、たとえば A さんが 90 歳だとすると、B さんは 90 歳より若い年齢で亡くなるわけです。仮に 70 歳だとしましょう。

> A will survive B.
> 90　　←　　70

　普通、数字は左から「1, 2, 3 …70…90」と読んでいくので、「90 ← 70」の順番に違和感があります。そこでこの数字の順番を入れ替えて、より意味を明確に伝えるのが「受動態」の役目になります。

> B will be survived by A.
> 70　　→　　90

　B will be survived by A. とすれば「70 → 90」の順番どおりになり、「B さん（70 歳）が先に亡くなり、A さん（90 歳）がそのあと」ということがはっきりします。

　同様に、Most men will ***be survived*** by their wives. は、「男性が先に亡くなり、

奥さんがそのあと」という意味なので、自然な日本語にすれば「大半の場合、男性より、その奥さんのほうが長生きするものだ」となります。

《正解》大半の場合、男性より、その奥さんのほうが長生きするものだ。

　以上、英語の受動態は、①「動作主を示すことができない、言う必要がない」、②「主語と目的語の位置を変えたい」といった理由で使われるということがおわかりになったかと思います。単に「～される」と訳すのは、真の受動態の姿ではなかったのです。

誤りやすい you の使い方

　英語の代名詞の中で日本人にいちばん誤解されているのが you ではないでしょうか？　you には大事な意味が2つあります。1つは言うまでもなく、「あなた（がた）」です。そしてもう1つは、**「人は誰でも」**という意味です。

《you の大事な2つの意味》

①「あなた（がた）」　　　　②「人は誰でも」

　英和辞典で you を引くと、一般的に人を指す「総称」と説明があるはずです。例文としては、If ***you*** run after two hares, ***you*** will catch neither.（二兎を追う者は一兎をも得ず）ということわざが挙げられることがあります。

　また、It is not what ***you*** have, but what ***you*** are that matters. といった表現もよく耳にします。この you も「総称の you」で、what ***you*** have は「人が持っているもの、財産」、what ***you*** are は「人となり、人柄」という意味を示します。文全体としては「大切なのは、決して財産ではなく、人となりである」となります。このように、万人に向けたことわざや格言には、「総称の you」がよく使われます。

■ つねに「you＝あなた」とは限らない

　「総称の you」については、なぜか学校では特に注意されず、参考書も特にスペースを割いて説明していないようです。しかし、この you の用法を正確に理解できていない英語学習者は多いように思います。そして、さまざまな小説やエッセイ、会話や広告のキャッチコピー、そして大学入試の問題にも頻出する重要な用法なのです。

　ある大学の入試問題で、***You*** can't buy friendship. という英文が出ていました。これを「あなたは友情を買うことはできない」と直訳しても、意図することはなんとなく理解できます。でも、厳密に言えば、あえて「あなた」と訳すのは不自然です。友情は「あなたは買うことができない」し、「（あなた以外の）ほかの人なら買える」というわけでもないですよね。当然、**「あなたも、私もみんな」**含まれるはずです。つまり、この you は前述した「総称の you」なのです。「（誰であれ）友情はお金で買えるものではない」と解釈すべき文なのです。

また、別の大学の入試では、The extent to which **you** can communicate in a foreign language depends on practice. という英文が出題されました。この文でも、**you** can communicate の you を、特定の「あなた」と考えるのは不自然です。「人は誰でも」と解釈して、あえて訳さないほうが自然な日本語になります。英文の意味は、「どのくらい外国語でコミュニケーションできるかどうかは、練習次第だ」となります。

　英語の自己啓発書を翻訳したものにも、しばしば同様の誤りを目にすることがあります。「あなたが手にする」「あなたの中で」のように、「あなた」が不自然に多用されていることも少なくありません。この場合も、著者が使った「総称のyou」を翻訳者が「あなた」に自動変換してしまったことに原因があります。

　では、少し難解な入試問題を使って、「総称の you」の用法を確認してみましょう。

【問題】次の日本文と同じ意味を表わすように、与えられた語句を使って英文にしなさい。
「19 にいくつ足すと 70 になるか」（11 語で）
[What / have to / to get]

　語群の have to と to get から、問題文「19 にいくつ足すと 70 になるか」を「70 という数字を**得る**（get）ために、19 に何を加え**なければならない**（have to）か」と考えます。最後の決め手は主語になりますが、「19 + X = 70」は、**誰が計算しても同じであることから、「総称の you」を使う**ことが求められている問題なのです。add X to nineteen（19 に X を加える）の X が疑問詞の What になっています。**正解は、What do you have to add to nineteen to get seventy?** となります。

《正解》What do you have to add to nineteen to get seventy?

■ we や they はどんな場合に使う？
　本来、「総称の you」を使うべき場面で、しばしば誤って用いられるのが we と they です。we には「（対立集団を意識して）私たちの集団」という意味があります。たとえば「（昔の人と対比して）われわれ現代人は・・・」や、「（動物と対比して）われわれ人間は・・・」というような場合に、主に形式ばった文章で使われます。

　英語学習者の多くが「われわれ日本人は」のつもりで、なにげなく we Japanese としがちですが、この表現は「（ほかの国の人と違って）われわれ日本人だけは

…」のように**排他的な含み**を持つこともあるので注意が必要です。また、「昔の人⇔現代人」「動物⇔人間」のような対立構造を意識せずに we を使うと、聞き手にとってどの集団を指すのか不明確になってしまいます。**特定の集団を意識せずに一般論を述べるなら you を使いましょう。**

　一方、they は自分（1人称）と相手（2人称）を含まない不特定の「店（の人たち）」や、一般に「世間の人びと」を主語にする時に用いると便利です。***They*** sell eggs at that store.（卵はあの店で売っている）や、***They*** say that he is rich.（彼は金持ちだそうだ）といったように使われます。

■ ネイティブ感覚で you をとらえよう

　「総称の you」の感覚がつかめたでしょうか？　「人は誰でも」という解釈に抵抗を感じる最大の原因は、英語を習い始めた頃に頭の中に刷りこまれた「you ＝ あなた」という機械的な置き換えにあります。

　それに加えて、「総称の you」は、まるで目の前にいる人だけを指しているような気がして、つい we を使ってしまうことも多いのではないでしょうか？　しかし、すでに述べたとおり、むしろ we のほうが相手に不快感を持たれることもあるのです。

　「総称の you」の使い方をしっかり頭に入れておけば、今後はさまざまな場面で「あっ、この you は総称だ」と気づくことがあるはずです。そういった経験を蓄積することで、ネイティブが使う you の感覚が身につくはずです。

「There is 構文」の仕組み

「There is 構文」は「〜がある／いる」という意味で、中学校のかなり早い段階で習う文法事項ですが、正しく理解している人は少ないようです。論より証拠、まずは中学1年生レベルの英作文を考えてみましょう。

【問題1】次の日本文を英訳しなさい。
「そのノートは机の上にある」

私が大学時代に塾で講師をしていた時、中学1年の生徒が「模擬試験でこの問題が出たのですが、There is 〜を使ったらバツにされました。なぜですか？」と質問しに来ました。There is 〜を、単に「〜がある」という意味だけで暗記するのは禁物です。自然な英語という観点から言えば、【問題1】の正解は、There is the notebook on the desk. ではなく、**The notebook is on the desk.** です。なぜそうなるのか、説明してみます。

■ 新情報であることを示す合図

まずは A notebook is on the desk. という文を考えていきましょう。この英文は決して間違いではありませんが、少し唐突な印象を与えます。というのは、a notebook は「（数あるノートの中のどれでもいい）1冊のノート」という意味で、どのノートか特定できない**「新情報」**だからです。情報の伝達でいちばん自然なのは、「旧情報（すでに知っていること）⇒ 新情報（まだ知らないこと）」という流れです。その反対の「新情報 ⇒ 旧情報」には、不自然さを覚えるはずです。

したがって、ネイティブの頭の中では、文頭に新情報を出すのをできるだけ避けたいという心理が働き、a notebook をうしろに持っていって、その空いたところに there を使うようになったのです。図で示すと次のようになります。

《There is 構文の成り立ち》

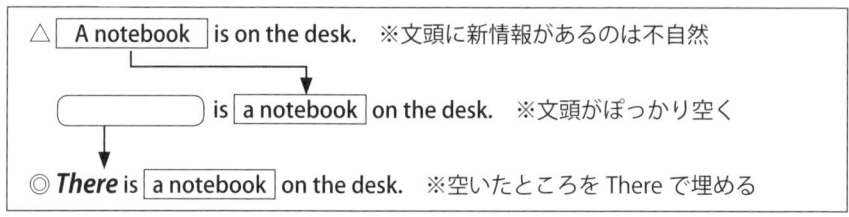

△ A notebook is on the desk.　※文頭に新情報があるのは不自然

□ is a notebook on the desk.　※文頭がぽっかり空く

◎ ***There*** is a notebook on the desk.　※空いたところを There で埋める

　there の働きは、空いたところを埋めるだけなので、日本語には訳しません。中学校では「そこで」と訳さないようにと教えられたはずです（もし「〜がそこにある」と言いたい場合は、There is 〜 ***there***. となります）。
　There is 〜は「これから新情報を言いますよ」という合図だと理解してください。There is a notebook on the desk. のように、うしろには必ず「新情報」が来ないといけません（新情報には不定冠詞の a や some などの数量を表わす語句をともないます）。There is 構文の役目は**「新情報を伝えること」**なのです。
　なぜ新情報を伝えるのに there が使われるようになったかについて説明した参考書は、私の知る限りないので、持論を展開すると、元々 there には「そこに」という「旧情報」を示す意味があったのではないかと推測します（「そこ」と言うからには、どこを指すか聞き手にも明白なはずです）。「ほらそこにあるよ」という意味から、時を経て、「そこ」という場所を示す意味が消えて、現在の用法になったのではないでしょうか。

　では、【問題 1】をもう一度見てみましょう。「**そのノート**は机の上にある」ですから、There is ***the notebook*** on the desk. では変です。the notebook は「（お互い共通に認識できる）そのノート」ですから「旧情報」です。There is 〜で「新情報が来ますよ」と合図しておきながら、うしろに「旧情報」を示す定冠詞 the が来たら、There is 構文の存在意義がなくなってしまいます。したがって、the notebook を文頭に置いた、**The notebook is on the desk. が正解**となります。

《正解》 **The notebook is on the desk.**

■ 現在分詞や過去分詞をともなっても同様に解釈する
　There is 構文の仕組みが身につけば、次の問題の英文も正確に和訳できるはずです。

【問題 2】次の英文を和訳しなさい。
　There is a man running in the park.

よくある間違いは「running in the park が直前の man を修飾している」と考えて、「公園を走っている男性がいる」と訳す例です。この英文の元の形は A man is running in the park. です。ただしこのままでは、文頭に a man という新情報がいきなり来てしまいます。そこで There is 構文を使って、a man をうしろへ移動させたのが、【問題2】の英文です。あくまで a man と is running は「主語と動詞の関係」ですから「ある男性が走っている」と訳す必要があります（そうすることで、「男性がいる」ではなく「男性が走っている」に文の焦点が置かれます）。日本語に There is 構文に相当するもの（「今から新情報を伝えますよ」という合図）はありませんが、あえて英文に忠実に訳出してみると「（ちょっと聞いてよ。）ある1人の男性が公園を走っているところなんだ」といった感じになります。

《正解》男性が公園を走っています。

　また、現在分詞に限らず、過去分詞をともなう場合も同様です。次の入試問題で確認してみましょう。

【問題3】 次の日本文と同じ意味になるように、カッコ内を適切な語順に並べ替えなさい。
「樽の中には水がほとんど残っていなかった」
There was [water / in / barrel / the / left / little].

　There is 構文のあとに〈名詞＋過去分詞〉がつづくパターンです。**正解は、There was [little water left in the barrel]. です。**

《正解》There was [little water left in the barrel].

　最後に1点だけ補足します。しばしば物語などで、***There lived** an old man in a village.*（ある村におじいさんが住んでいました）といった「**There is 構文の変形**」が使われることがあります。これも元の An old man lived in a village. という文から派生した形です。

　いかがでしたか？　基本的な構文とはいえ、その成り立ちを正しく知ることで、There is 構文がより身近に感じられるのではないでしょうか？

the other と another の使い分け

　本セクションでは、代名詞の中でも特に誤用が多い the other と another を取り上げます。
　the other と another の使い分けは、大学入試でもよく出題されます。まずはこれに関連した問題を解いてみましょう。

【問題1】次の英文のカッコ内に入るものを選びなさい。
　I have two sisters. One is a novelist and (　　) is a nurse.
　1. another　　2. others　　3. the other　　4. the others

【問題2】次の文の下線部には文法的に間違っている箇所が1つだけある。それを選んで訂正しなさい。
　① Almost every student had ② a textbook in one hand ③ and a tablet in ④ another.

【問題3】次の英文のカッコ内に入るものを選びなさい。
　X：How do you like this whisky?
　Y：Brilliant! Could I have (　　) glass, please?
　1. a　　2. other　　3. another　　4. the other

■「共通認識」で判断しよう

　the other と another は、どちらも日本語の「もう1つ」に相当する代名詞ですが、それぞれ使われる場面が異なります。次の図を見てください。

the other vs. another

「2つ」
○　●
one　the other

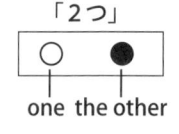

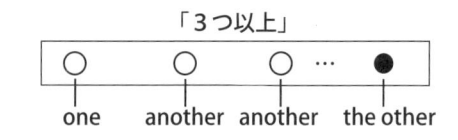

「3つ以上」
○　○　○　…　●
one　another　another　the other

　「2つ」の図から説明しましょう。2匹の猫が写っている写真を想像してみてください。1匹目が **one** で、残りの1匹はどの猫か「特定」できるので、the を用

いて **the other** となります。その場にいる全員が「共通認識」できる場合には the を使うのでしたね（第１章の「『定冠詞』の基本的用法」［２ページ］）。これが one と the other の関係です。

　次に、「３つ以上」の図では猫が３匹以上いると仮定します。１匹目が one になるのは、「２つ」の場合と同じです。しかし、「もう１匹」はどの猫か「特定不可能」です。まだ残っている猫が複数いるのに「もう１匹」と言っても、どれを指すのか「共通認識」できません。したがって、the は使えないわけです。

　そこで the の代わりに a（an）を使い、an + other つまり **another** とする必要があります。そして「もう１匹」（another）が複数回つづき、「最後の１匹」になって、やっと残っている猫を特定できるので **the other** が使えるのです。結局、**the other と another の決定的な違いは「the と a（an）の違い」**に集約されるといえます。

　では、問題の正解を考えてみましょう。
　【問題１】two sisters が示すとおり姉妹は「２人」しかいません。「１人は小説家」です。そしてそのあと共通認識できる「もう１人」のことを指しているので、**正解は 3. the other** になります。
　【問題２】文中の in one hand に注目してください。「片手に教科書、もう片方の手にタブレットを持っている」という意味になることが予想できますね。２つある手のうち最初が one で、残りの手は当然 the other と考えればいいので、④ **another を the other に**訂正します。

■ two は明示されないこともある
　従来の入試問題では、【問題１】の two sisters のように、数を明示する英文が出題されていましたが、最近では文脈から判断しなければならない傾向が強いようです。【問題２】でも同様です。two という単語はありません。最近の大学入試の１つの傾向として知っておくとよいでしょう。

■「おかわり」の another
　最後は【問題３】です。ウイスキーの味の感想を聞かれて、「すばらしい味だから、もう１杯」と言う場面です。**正解は、3. another** になります。１杯のグラス・ウイスキーを飲んで、もう１杯おかわりするわけですが、この「おかわり」に使われるのは another です。other と同様に中学で習う基本単語なので、なんとなく理解できていると思い込んでいる受験生を多く目にします。用法をしっかり確認しましょう。飲食店や家などでビールやワイン、そしてウイスキーを飲む時、初

めから「2杯分しかない」ということはまずありません。つまり、先に挙げた図で言えば「3つ以上」にあてはまります。「もう1つ」は another ですから、「もう1杯」も another になります。

《正解・和訳》
【問題1】 3. the other
僕には姉妹が2人いる。1人は小説家で、もう1人は看護師だ。
【問題2】 ④ another → ○ the other
ほぼすべての学生が片手に教科書、もう片方の手にタブレットを持っていた。
【問題3】 3. another
X: このウイスキー、どうですか？
Y: すばらしい！　もう1杯いただけますか？

「不定代名詞」を攻略する

　前のセクションでは、「代名詞」の中でも特に誤用が多い the other と another を取り上げました。こうした不特定の人や物を表わす代名詞を「不定代名詞」と呼びます。本セクションでは入試問題を解きながら、この用法を確認します。

【問題1】次の英文のカッコ内に入るものを選びなさい。
　To say it is one thing. To do it is quite (　　).
　1. other　　　　2. the other　　　3. another　　　4. the another

【問題2】次の文の下線部には文法的に間違っている箇所が1つだけある。それを選んで訂正しなさい。
　① The author ② always said that jazz is ③ superior to ④ another styles of music.

【問題3】次の英文のカッコ内に入るものを選びなさい。
　Lisa wants to study (　　) two years in the US before she marries.
　1. much　　　　2. more　　　　3. other　　　　4. another

■ 選択の幅がある another

　【問題1】では、one thing に注目してください。「口に出すことは、ある1つのこと（one thing）」という意味になり、後半は「実行することは（　）」となっています。空所には、one に対応する「もう1つのこと」を示す語句が入ると考えられます。選択肢の候補は、2. the other と、3. another です。ただし、2. the other を選んでしまうと、この世の中には「口に出すこと」と「実行すること」の2つしか存在しないことになってしまいます。したがって、**正解は 3. another** で、「実行することは、（ほかにも多くの選択肢がある中で）もう1つのこと（another thing）」となります。

■ 成り立ちで考えるメリット

　さて、another をさらに分析してみましょう。

(-_-;)《従来の丸暗記型英文法が定義する another》

- another の前には冠詞（a / the）は付かない
- another のうしろに名詞の複数形は来ない

　この従来の説明を丸暗記する必要はなく、**another = an + other** と考えればすべて解決します。たとえば、the another world は誤りです。the an other では、冠詞の the と an がつづいてしまいます。また、another boys も誤りです。an other boys とすると、an があるのに名詞が複数形になっておかしいとわかります。
　この点を踏まえれば、【問題 2】の正解は容易に導き出せます。下線部の④ **another styles は誤りで、正しくは another style、または other styles** です。

■「複数形」をしたがえる例外

　another の直後に名詞の単数形が来るのは当然ですが、例外的に **another ＋ 複数形**になることがあります。それは **another ＋ 数量** の場合です。たとえば、another 10 dollars（あと10ドル）では、10 dollars が「1セット」という感覚で、単数と見なされると考えてください。
　この知識が問われているのが【問題 3】で、**正解は、4. another** です。another two years で「あと2年」となります。この問題では、2. more を選んでしまうミスが多いのですが、more は two **more** years という語順で使います。

《正解・和訳》

【問題 1】　3. another
　　　　　口に出すのは1つのこと。実行するのは別のこと。

【問題 2】　④ another styles　→　○ another style, または other styles
　　　　　その作家は、ジャズはほかのジャンルの音楽より優れているとつねに言っていた。

【問題 3】　4. another
　　　　　リサは結婚までにアメリカであと2年勉強したいと思っている。

■ others と the others について

　another につづいて、the other の応用問題に挑戦してみましょう。

英文のカッコ内に入る適語を選んでください。
【問題4】
　Rosa has three brothers: one is a college student, and (　　) are office workers.
　1. other　　　　2. another　　　3. the others　　　4. rest
【問題5】
　Some of my classmates like baseball and (　　) enjoy football.
　1. other　　　　2. others　　　　3. the other　　　4. another

　the others と others を区別できるでしょうか？　これも「the が付くか否か」つまり「共通認識できるかどうか」という視点で考えれば簡単に理解できます。次の図を見てください。

the others vs. others

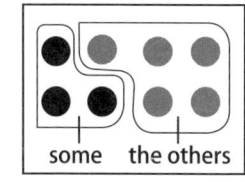

① 男子と女子　　　　② 血液型

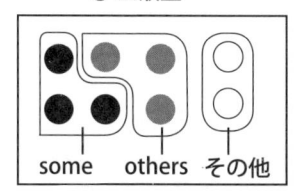

some　the others　　some　others　その他

　①では部屋の中に男女が8人いるとしましょう。**男子が「3人（some）」ならば、女子は当然「5人」と「特定」できるので、the が付いて the others になります。**
　次は②の血液型の例を考えてみましょう。**8人のうち仮に3人（some）が A 型だとわかっても、残りの5人の中で B 型が何人かは「特定できない」ので、the は付かず、others になります。** AB 型や O 型の人がいる可能性があるため、B 型の人を the others とはいえません。

　この点を踏まえて、【問題4】を見てみましょう。空所の直後が are になっているので、3人から1人を引いた「残り2人」と特定できます。**正解は 3. the others** です。
　【問題5】は、「野球が好きな人、サッカーが好きな人」以外にも、「テニスが好き」「スポーツは嫌い」などさまざまな人が考えられるので「血液型」と同じパターンになります。**正解は 2. others** です。

《正解・和訳》
【問題4】 3. the others
ローザには3人の兄弟がいるが、1人は大学生、残りの2人は会社員だ。
【問題5】 2. others
私のクラスメイトには、野球が好きな人もいれば、サッカーを楽しむ人もいる。

英文解釈に不可欠な「品詞」の知識

まずはじめに、入試問題を解いてみてください。

【問題】英文のカッコ内に入る適語を選んでください。
A (　　) clover is a symbol of good fortune.
1. four-leaf　　2. four-leafing　　3. four-leaves　　4. four-leaving

■ 形容詞化すると複数形にならない

　英字新聞の記事で年齢に言及する際、**37-year-old** actor（37歳の俳優）といった表現がよく使われます。単語自体は易しいので、理解に困ることはありませんが、「37のあとは year**s** と複数形にならないのか？」と、疑問に思った人もいるのではないでしょうか？　こうした知識は TOEIC テストのほか、ここ数年では大学入試でも問われるようになりました。

　37-year-old actor の 37-year-old は、直後の actor という名詞を修飾しています。37 years old がハイフンでつながれて「形容詞化」したわけです。

　ここで大事なことは、英語では「形容詞に複数形はない」という点です。要するに「名詞を修飾する形容詞に複数形は存在しない」という理由から、37-year**s**-old とはならないのです。

　次の英文を見てみましょう。

The *68-year-old* guitarist, who has played with many rock legends in his career, said he now chose to spend more time with his family. （68歳のギタリストは、多くのロックの伝説的人物と演奏してきたが、これからは家族と多くの時間を過ごすことにしたと言った）

　68-year-old は guitarist を修飾する形容詞として機能しています。
　さて、冒頭の問題に戻りましょう。ここでは「四つ葉の」と言いたいわけです。68-year-old と同様、four-leaf のようにハイフンでつなぎ形容詞として（複数形にせずに）使えばいいので、**正解は、1. four-leaf** になります。

《正解・和訳》 1. four-leaf
　　　　　四つ葉のクローバーは、幸運のシンボルだ。

■ 単語の品詞は複数あるのが当たり前

　品詞の知識について、別の観点から補足しておきましょう。たとえば、book の品詞は何かと問われれば、まず「名詞」と答えるはずです。「本」という意味なら確かにそうですが、**英語では品詞が 1 つだけという単語はまれで、ほとんどの単語がいくつかの品詞を持っています。**

　I will ***book*** a room. という文に出会ったら、book は動詞の位置（助動詞 will の直後）にあるので、この場合は「動詞ではないか？」と考えてみる必要があります。**動詞の book は「予約する」**という意味です。動詞の book は、名詞の「帳面」が「帳面に記録を書き込む」に発展し、そこから「予約する」という意味になったわけです。動詞の book を ~ing 形にした **booking は「（座席などの）予約」**という意味の名詞で、日本語でも「ダブル**ブッキング**」のように使われていますね。よって、I will ***book*** a room. は「ひと部屋予約しよう」という意味になります。

　本来は名詞だったものが、動詞に転用されるケースは頻繁にあります。email（e-mail の表記も可）も、通例は「名詞」だけで使われていたものが、Please ***e-mail*** me your reply.（返事をメールしてください）のように動詞用法に発展しました。検索サイトの Google も名詞（固有名詞）ですが、I ***googled*** her name and found this site.（彼女の名前をネット検索したら、このサイトが見つかった）のように動詞で使われることもあります。日本語で「検索する」ことを「ググる」というのと同じです。

　このように、英語では「1 つの単語に 1 つの品詞」は思いのほか少なく、「1 つの単語に複数の品詞」が普通といえます。**つねに品詞を意識することは、英文を正確に読む上でとても重要なこと**です。前置詞と思い込んでいたのに、直後に名詞がなかったり、あるいは名詞であるはずの単語が動詞の位置で使われていたら、「もしかして別の品詞もあるのではないか？」と考えてみてください。さまざまな発見があるはずです。

第9章

「型」から攻める動詞の語法

- ◎ 「tell 型」の動詞
- ◎ 「say 型」の動詞
- ◎ 「rob 型」の動詞と of の関係
- ◎ 「give 型」の動詞
- ◎ 「take 型」の動詞
- ◎ 「thank 型」の動詞と for の関係
- ◎ 「persuade 型」の動詞と into/out of の関係
- ◎ 「prevent 型」の動詞と from の関係
- ◎ 「provide 型」の動詞と with の関係
- ◎ 「think 型」の動詞
- ◎ 「suggest 型」の動詞と仮定法現在
- ◎ 「regard 型」の動詞と as の関係

「tell 型」の動詞

　今まで「動詞の語法」といえば、「この動詞はこういう形を取る」とだけ教えられ、ひたすら個々の動詞の使い方を丸暗記するしかありませんでした。
　しかし動詞の語法は、1個ずつ覚えるにはあまりにも膨大です。そこで動詞の「型」に注目して、同じ型を取る動詞を整理することで、暗記の量を劇的に減らそうというのが、本章の最大の目的です。
　本セクションでは、tell の仲間である「tell 型」の動詞を取り上げます。まずは次の問題を解いてみてください。

【問題1】次の英文のカッコ内に入るものを選びなさい。
　Can you (　　) to go to the tax office next week?
　1. remind　　　　　　　　2. remember
　3. remind me　　　　　　 4. remember me
---

　remind（思い出させる）という動詞は、〈remind 人 of ～〉や、〈remind 人 that ～〉の形を取ることでおなじみですが、〈remind 人 to ～〉という用法となると、大学受験生でも知らない人が多いようです。問題の**正解は、3. remind me** です。

《正解・和訳》 3. remind me
　　　　　　　来週、私が税務署に行くことを（忘れていたら）気づかせてくれるかな。

　remind は、「tell 型」の動詞に分類できます。では、「tell 型」の動詞の効率的な覚え方を見ていきましょう。

■「3つの形」と「6つの動詞」
　「tell 型」の動詞には、**3つの基本的な使い方**があります。

---
① V（動詞）人 of ～　　② V（動詞）人 that ～
③ V（動詞）人 to ～

そして、tell を含めた **6つの動詞** が、この3つの形を取ります。

---
tell（伝える）/ remind（思い出させる）/ convince（確信させる）/
persuade（説得する）/ warn（警告する）/ notify（知らせる）

これで「基本形3つ × tell 型の動詞6つ＝18個」の語法が一気にマスターできます。下の表のスミの付いた部分だけ覚えればいいわけです。

《tell 型の動詞》

動詞＼形	V 人 of〜	V 人 that〜	V 人 to〜
tell	tell 人 of〜	tell 人 that〜	tell 人 to〜
remind	remind 人 of〜	remind 人 that〜	remind 人 to〜
convince	convince 人 of〜	convince 人 that〜	convince 人 to〜
persuade	persuade 人 of〜	persuade 人 that〜	persuade 人 to〜
warn	warn 人 of〜	warn 人 that〜	warn 人 to〜
notify	notify 人 of〜	notify 人 that〜	notify 人 to〜

では、「tell 型」の動詞が頭の中で整理できたかどうか、入試問題で確認してみましょう。

【問題2】次の英文のカッコ内に入るものを選びなさい。
The other day, a clerk in the bookstore tried to (　　) us to buy the author's new work.
1. retreat　　2. listen　　3. applaud
4. persuade　　5. disagree

空所の直後にある us to buy に注目してください。〈(　　) 人 to〜〉の形を取れるのは、**4. persuade** だけです。〈persuade 人 to〜〉の意味は「〜するように 人 を説得する」です。

《正解・和訳》 4. persuade
先日、書店の店員がその作家の新しい作品を購入するように私たちを説得しようとした。

■ すべて「tell（伝える）と同じ意味」を持つ
　この「**tell 型**」の動詞は、すべて「**tell（伝える）と同じ意味**」を持つと考えることができます。remind は、辞書には「思い出させる」という意味が載っていますが、たとえば「予定を思い出させる」とは「予定を**教えてあげる**」ということですね。convince（確信させる）も「何かを**伝えて**確信させる」ことですし、persuade（説得する）にも「伝える」という意味が含まれています。warn（警告する）は「注意を**伝える**」ことですし、notify（知らせる）はまさに「**伝える**」ことそのものです。もし tell 型の動詞の意味がしっくりこない時は「伝える」と考えればうまくいくはずです。

　また、persuade を辞書で引くと、〈persuade 人 of ～〉や〈persuade 人 that ～〉の場合の意味として、「確信させる（convince）」と明示している辞書もあります。
　次の入試問題を見てみましょう。

【問題3】次の英文の下線部の意味と最も合致しているものを1つ選びなさい。
She convinced the jury of his innocence.
1. convicted　　2. persuaded　　3. persisted　　4. concluded

　もちろん**正解は、2. persuaded** です。この問題から、〈convince 人 of ～〉＝〈persuade 人 of ～〉だということが証明できます。「tell 型」の動詞としてしっかり整理しておけば、難なく解けるはずです。

《正解・和訳》 2. persuaded
彼女は陪審員に彼の無実を納得させた。

　この「tell 型」の動詞に関する知識は、大学入試に限らず普段英文を読む際にも役立ちます。面倒に思える動詞の語法も、「型」で分類することで記憶に定着するという新しい考え方で語法をマスターしてください。

「say 型」の動詞

tell と say の違いについて、「tell は伝えることに重点があり、say は発言そのものに重点がある」といった説明がよくされますが、**決定的な違いは「動詞の型」**です。まずは、次の入試問題を解いてみてください。

【問題1】次の英文のカッコ内に入るものを選びなさい。
My daughter (　　) that she'd like to study abroad next year.
1. told　　2. told to me　　3. said me　　4. said to me

■〈to 人〉という語順がポイント

say は tell とは異なり、直後には 人 を置くことはできず、前置詞 to が必要になります。「say の基本形」として、〈**say to 人 that ～**〉を押さえてください。

これにしたがえば、問題の選択肢にある 3. said me は不可で、**4. said to me が正解**となります。tell に関しては前のセクションで説明したとおり、〈tell 人 that ～〉の形になるべきであって、1. told では直後に 人 がないので不正解です。選択肢に tell と say を並べ、まさに「**tell と say は、『型』で区別できるのですよ**」と言わんばかりの問題です。

《正解・和訳》 4. said to me
　　　　　　　娘が来年海外留学したいと私に言った。

■ say 型に属する代表的な動詞

say 型に属する主な動詞は以下のとおりです。

---

say to 人 that ～：「人 に～と言う」
explain to 人 that ～：「人 に～と説明する」
suggest to 人 that ～：「人 に～と提案する」
apologize to 人 for ～：「人 に～のことで謝る」

---

that S+V の部分には、that 節の代わりに、wh-（疑問詞）節が来ることもありますが、あまり意識せずに、あくまで〈to 人〉の部分を重視してください。
では、それを踏まえて次の問題を解いてみましょう。

【問題2】次の英文のカッコ内に入るものを選びなさい。
Ms. Williams suggested (　　) try a volunteer job this summer.
1. him to　　2. he　　3. him that he　　4. to him that he

---

suggest も say 型に属する動詞なので、〈suggest to 人 that ～〉の形を取ります。**正解は 4. to him that he** です。ほかの選択肢はすべて、suggest の直後に 人 が来ているので不正解です。

《正解・和訳》 4. to him that he
　　　　　ウィリアムズさんは彼に今年の夏にボランティアの仕事をするように勧めた。

ちなみに、that 節内の動詞は、「should ＋原形」または「原形のみ」を使います（例：He ***suggested*** to us that we ***(should) try*** a different approach.［彼は私たちに違った方法でやってみようと言った］）。「原形のみ」の用法は主にアメリカ英語に特徴的でしたが、最近ではイギリス英語でも同様の傾向が見られます。詳しくは「『suggest 型』の動詞と仮定法現在」（147 ページ）で説明します。

■ 複数の型に属する動詞もある
では、つづいて次の問題をやってみましょう。

【問題3】次の英文のカッコ内に入るものを選びなさい。
The hospital apologized (　　) regarding their child.
1. for the parents to improper medical advice
2. for the parents by improper medical advice
3. to the parents for improper medical advice
4. to the parents with improper medical advice

空所直前にある apologized に注目してください。apologize は say 型に属するので、直後に〈to 人〉を取ります。そのあとは「**理由を表わす for**」が来て、〈apologize to 人 for 〜〉となり、「人 に〜を理由に謝る」の意味になります。したがって**正解は、3. to the parents for improper medical advice** です。

《正解・和訳》 3. to the parents for improper medical advice
病院は、保護者に対して、子供たちに不適切な医療アドバイスをしたと謝罪した。

　apologize の場合、say 型に属しながらも、さらに「理由」を表わす for を取ります。この「理由の for」を取る動詞は「thank 型」に分類することができますが、この点については「『thank 型』の動詞と for の関係」（131 ページ）で扱います。先ほどの suggest 同様、2つ（以上）の型に属する動詞は珍しくありません。
　最後に、tell 型の動詞の復習を兼ねて、入試問題を解いてみましょう。

【問題4】次の英文のカッコ内に入るものを選びなさい。
His mother (　　) to be more careful in his choice of words.
1. advised him　　　　　　2. said him
3. suggested him　　　　　4. warned to him
（平成2年度センター試験）

　これは語法の問題としてとてもよくできています。2. said him と 3. suggested him は、前置詞 to がないので不可ですね。4. の warn は、tell 型です。tell 型は動詞の直後に 人 が来るので、warn to him は不可です。**正解は、1. advised him** です。advise は、〈**advise 人 to 〜**〉という形を取ります。

《正解・和訳》 1. advised him
彼の母は、彼にもっと注意して言葉を選ぶように助言した。

　英語学習の上級者でも、warn や suggest の使い方をしっかり理解している人は少ないものです。しかし、このように動詞を「型」で分類して整理すれば、このような難問も簡単に解けてしまうのです。

「rob 型」の動詞と of の関係

ここでは「rob 型」の動詞を取り上げます。まずは次の入試問題で確認してみましょう。

【問題1】 次の英文のカッコ内に入るものを選びなさい。
Linda (   ) of all belongings she had with her.
1. robbed　　2. deprived　　3. was robbed　　4. had deprived

動詞 rob は、〈**rob 人 of 物**〉が基本形です。1. robbed だと、rob の直後に 人 がないので不可です。deprive も rob 型なので、同様です。

基本形を受動態にすると〈 人 is robbed of 物 〉となることから、**3. was robbed が正解**になります。この問題のポイントは、〈rob 人 of 物〉が理解できているかどうかにあります。

《正解・和訳》 **3. was robbed**
　　　　　　　リンダは手持ちの物を全部取られた。

私自身、高校時代、「〈rob 物 of 人〉のほうがしっくりくる感じなのに…」とか、「そもそもなぜ of を使うのか？」という疑問を持っていましたが、それでもこの基本形を教えられるままに丸暗記していました。この機会にこうした疑問を含めて、rob と of の関係をしっかりつかんでください。

■ 人 が目的語になる

rob の語源は、robe（バスローブ、長くてゆったりした外衣）と同じで、本来は「**衣服をはがす、身ぐるみはがす**」という意味です。**衣服をはがす対象は** 人 ですよね。したがって、**rob の目的語は** 人 **になる**のです。間違っても 物 が目的語になって rob money のような形になることはありません。

ちなみに、「身ぐるみはがす」という意味は 13 世紀頃の文献に登場する古い用法で、その時代はお金ではなく、身につけている衣服のほうが価値を持つことが時としてあったわけです。

■ of を歴史的に考察すると・・・

では、rob はなぜ of をともなうのでしょうか？　この of は「分離」を表わす of で、「～を分離させる」という意味を持ちます。前置詞 of の用法はかなり複雑なので、ここで少し整理しておきましょう。

of のイメージというと「～の」という意味の「所有」がすぐに頭に浮かぶと思います。しかし、歴史的に見ると、of は現代とはまったく反対の「分離」の意味を持っていたのです。その後、14 ～ 16 世紀にかけて of から off が生まれ、off が「分離」の意味を担うようになってから、of は「所有」の意味を色濃く持つようになっていきました。このように of には、本来の**「分離」**と、そのあとに生まれた**「所有」**という、まったく正反対の2つの意味があるのです。

rob の話に戻りましょう。先ほど触れたように、rob が英語に登場したのは 13 世紀頃ですから、当時の of は「分離」の意味だったわけです。
つまり、本来、〈rob 人 of 物〉は直訳すると「人 から身ぐるみはがして（rob）、物 を分離（of）させる」で、それが時代を下って「人 から 物 を奪う」に変化したのです。

■ rob 型に属する代表的な動詞

rob の直後に 人 が来る理由と、前置詞 of の意味がしっかり理解できたところで、rob 型に属する主な動詞を挙げてみましょう。どれも根底には、rob の「奪う」という意味があります。

```
rob 人 of 物 :「人 から 物 を奪う」
deprive 人 of 物 :「人 から 物 を奪う」
cure 人 of 病気など :「人 から 病気など を奪う」⇒「人 の 病気など を治す」
clear 人 of 物 :「人 から 物 を奪う」⇒「人 の 物 を片づける」
relieve 人 of 不安 :「人 から 不安 を奪う」⇒「人 を安心させる」
rid 人 of 物 :「人 から 物 を奪う」
```

では、入試問題で確認してみましょう。

【問題2】次の英文の下線部の語句について、その意味として最も適当なものを選びなさい。
Poor eyesight robbed Bob of the opportunity to be a boxer.
1. cleared　　2. deprived　　3. knocked　　4. supplied

【問題3】次の日本文と同じ意味になるように、英文を完成させなさい。（※文頭にくる文字も小文字になっています）
「一生懸命働けば、あなたの怠け癖もなおるだろう」
[work / laziness / you / of / will / hard / cure]

　【問題1】rob 型の動詞を選べばよいので、**2. deprived が正解**です。
　【問題2】cure があるので〈cure 人 of 病気など〉の形にしたがって、**Hard work will cure you of laziness.** とすれば正解です。

《正解・和訳》
【問題2】2. deprived
　　　　視力が悪いために、ボブはボクサーになれなかった。
【問題3】Hard work will cure you of laziness.

■ steal との違いを確認しよう
　rob と似た意味を持つのが steal です。その違いを問う問題が大学入試でもよく出題されます。次の入試問題に挑戦してみてください。

次の英文のカッコ内に入るものを選びなさい。
【問題4】
"Why are you shopping for a bicycle? Didn't you buy one just last month?"
"Yes, but unfortunately (　　) last week."
1. I was stolen it　　　　　　2. it was robbed
3. it was stolen　　　　　　　4. someone was robbed
　　　　　　　　　　　　　　　　　（平成11年度センター試験）

【問題5】
He was careless, so he (　　).
1. had his password stolen　　2. stole his password
3. was stealing his password　4. was stolen his password

rob の直後には 人 が来ますが、steal は「こっそり盗む」という意味で、その動作の対象となるのは 物 です。steal の使い方をまとめてみましょう。**steal は rob 型ではない**点に注意してください。

基本形：steal 物 (from 人)「(人 から) 物 を盗む」
　　　　※ from 人 は省略されることが多い。
受動態：物 is stolen「物 が盗まれる」
頻出形：have 物 stolen「物 を盗まれる」
　　　　※ have ＋目的語（O）＋過去分詞＝「O を〜される」

【問題４】steal が受動態で使われているので、**正解は 3. it was stolen** です。

【問題５】「パスワードを盗まれた」の意味になるように、〈have 物 stolen〉の形を選びます。**正解は 1. had his password stolen** です。「盗まれた」につられて、4. was stolen his password を選ばないように注意してください。I was stolen ... では「私自身がこっそり持っていかれた」という意味になってしまいます。

《正解・和訳》
【問題４】 3. it was stolen
　　　　　「なんで自転車を買いに行くの？　先月買ったばかりじゃなかったの？」
　　　　　「そうなの。だけど、運が悪いことに、先週盗まれちゃったの」
【問題５】 1. had his password stolen
　　　　　彼は不注意にも、パスワードを盗まれてしまった。

「give 型」の動詞

ここでは、「give 型」の動詞を取り上げます。まずは次の問題を解いてみましょう。

> 【問題 1】次の日本文と同じ意味になるように、英文を完成させなさい。
> 「この料理本には、塩を使わないおいしい食べ物の作り方が示されています」
> This [how / delicious /make / shows / food / to / cookbook / you] without using salt.

動詞 shows に注目してください。show が、〈show 人 + 物〉という形を取ることを知っていれば、**This [cookbook shows you how to make delicious food] without using salt.** という正解が導き出せるはずです。

《正解》This [cookbook shows you how to make delicious food] without using salt.

■ キーワードは「与える」

〈V（動詞）人 + 物〉の形で使われる、いわゆる「第 4 文型（SVOO）」を取る動詞の大半が give（与える）と同じ意味で解釈することができます。中学校で習った基本動詞で「give 型」の動詞を確認してみましょう。

> give（与える）/ send（送る）/ teach（教える）/ tell（話す）/ show（見せる）/ bring（持ってくる）/ lend（貸す）/ get（買ってあげる）/ do（与える）/ pass（手渡す）

たとえば〈teach 人 + 物〉は「人 に 物 を教える」ですが、その根底にあるのは「人 に 物 を与える」です。つまり、teach の本来の意味は「人 に 物（に関する知識）を与える」ということです。また〈show 人 + 物〉の意味は「人 に 物 を与える」⇒「人 に 物 を見せる」です。lend も「貸す」か「借りる」かで意味に迷うことがあっても、〈lend 人 + 物〉という形さえ頭に入っていれば、

「与える」から「貸す」という意味を引き出すことができます。

　このように、先ほど挙げた動詞はすべて「与える」という意味で解釈できるのです。そして、この give 型には get も属しています。get と聞くと「得る」を連想しがちですが、〈get 人 ＋ 物〉の場合は「人 に 物 を与える」という意味になります。辞書では「（店で手に入れて）与える」⇒「買ってあげる」という意味が見つかりますが、これを「get の特殊な意味」などと理解するのではなく、「与える」という意味の範ちゅうでとらえればよいのです。My father **got me a notebook computer**. なら「父は私にノートパソコンをくれた」と考えれば十分に意味は取れるはずです。

■「する」だけではない do

では、give 型の動詞を入試問題で確認してみましょう。

【問題2】次の英文のカッコ内に入るものを選びなさい。
We must keep in mind that smoking (　　) us more harm than good.
1. damages　　2. does　　3. gets　　4. makes

（平成 8 年度センター試験）

　「人に危害を与える」の意味で、入試に頻出するのが〈do 人 harm〉です。**正解は 2. does** です。do の場合も「人 に 物 を与える」と解釈すればよいのですが、特徴として、物 の部分に来る名詞がほぼ決まっています。主なものは、good（利益）、harm / damage（害）、justice（公平さ）、a favor（親切）などです。問題の英文にも空所のうしろに more harm や good がありますね。

《正解・和訳》 2. does
　　　　　　たばこは体に有益というより、害を与えると心に留めておかなくてはならない。

　日常会話で使われる Will you **do me a favor**? も、〈do 人 ＋ 物〉という give 型であることに気づけば「私に **1 つの親切 (a favor)** を**与えて (do)** くれませんか？」⇒「1 つお願いがあるのですが」という意味になることが理解できるはずです。

■ tell の語法を総点検しよう
次は tell に関する知識を問う問題です。

> 【問題3】 与えられた語句を適切に並べ替えて英文を完成させなさい。
> You have to go to the airport but you don't know how to get there. You stop someone and say:"Could you please [me / tell / the / the airport / to / way]?"
>
> （平成2年度センター試験追試験）

〈tell 人 ＋ 物〉という語順にしたがえば、**正解 Could you please [tell me the way to the airport]?** にたどり着けるはずです。

《正解・和訳》　Could you please [tell me the way to the airport]?
　　　　　　　空港に行かなくてはならないが、行き方がわからない。そこで歩いている人を止めてこう言います。「空港までの行き方を教えていただけませんか？」

「『say 型』の動詞」(117ページ) のセクションで、apologize が say 型に属しながら thank 型にも属することを述べました。同様に tell も、tell 型の代表格でありながら、give 型にも属しています。まとめてみると以下のようになります。

> tell 型：tell 人 of ～ / tell 人 that ～ / tell 人 to ～
> give 型：tell 人 ＋ 物

　tell には全部で4つの用法がありますが、tell 型と give 型の2つに属しているわけです。tell の使い方を個別に4つ覚えるのではなく、「tell 型と give 型」に大別しておけば、ほかの tell 型の動詞（remind や convince など）とともに tell の語法が効率よく理解できるはずです。

「take 型」の動詞

ここでは「take 型」の動詞について学習しましょう。まず、次の入試問題を解いてみてください。

【問題1】次の日本文と同じ意味になるように、英文を完成させなさい。
「彼は医者になるのに、何年もかかりました」
It [years / doctor / him / a / took / many / to / become].

【問題2】日本文に合うようにカッコに適切な1語を入れなさい。（※解答は与えられた "c" の文字で始めること）
「その仕事でルーシーは健康を害した」
The work (c　) Lucy her health.

この種の問題の対策法は、以下に示すとおり、各動詞の文型を暗記するのがつねでした。

【問題1】It takes ＋ 人 ＋ 時間 ＋ to ～ :「人 が～するのに 時間 がかかる」（It は仮主語、to ～が真主語）。よって、**正解は、It [took him many years to become a doctor]**. になります。

【問題2】S costs ＋ 人 ＋ 命など :「S は 人 の 命など を犠牲にさせる（cost は、cost-cost-cost という無変化の動詞なので、過去形も cost）。よって**正解は、The work cost Lucy her health.**

《正解》
【問題1】　It [took him many years to become a doctor].
【問題2】　cost

このような方法でも問題は解けますが、**動詞ごとに異なる文型を丸暗記するには、やはり限界があります**。そこで、take と cost の共通点に着目することで、もっと効率のよい学習が可能になります。

■ キーワードは「奪う」

　take と cost は「take 型」の動詞ととらえることができ、〈 V （動詞） 人 + 物 〉という形を取ります。〈 V 人 + 物 〉は、前のセクションで述べたように give 型の動詞で「与える」という意味が基本ですが、例外として take 型の動詞は「奪う」という意味になります。take 型の動詞の代表例は以下のとおりです。

```
take 人 + 時間 :「 人 から 時間 を奪う」⇒「 人 に 時間 がかかる」
cost 人 + お金 :「 人 から お金 を奪う」⇒「 人 に お金 がかかる」
cost 人 + 命 :「 人 から 命 を奪う」⇒「 人 の 命 が犠牲になる」
save 人 + 手間 :「 人 から 手間 を奪う」⇒「 人 の 手間 が省ける」
spare 人 + 手間 :「 人 から 手間 を奪う」⇒「 人 の 手間 が省ける」
owe 人 + お金・行為 :「 人 から お金・行為 を（一時的に）奪う」
　⇒「 人 から お金・行為 を借りる」
```

　今まで、cost は「犠牲にさせる」、save は「省く」、owe は「借りる」と、別々に意味を暗記していたかもしれませんが、その根底には「奪う」という共通の意味があるのです。つまり、**「take / cost / save / spare / owe は、うしろに〈 人 + 物 〉が来たら『奪う』という意味になる」**と整理できるわけです。

　この点を踏まえて、もう一度冒頭の問題の正解の英文を見てみましょう。**It took him many years to become a doctor.** を直訳すれば「医師になることは、彼から何年間も奪った」となります。要するに「何年もかかった」ということです。**The work cost Lucy her health.** を直訳すれば、「その仕事はルーシーから健康を奪った」となります。そこから「その仕事でルーシーは健康を害した」と解釈できます。

　ほかの動詞も確認してみましょう。以下の入試問題を解いてみてください。

【問題3】次の日本文と同じ意味になるように、英文を完成させなさい。
　（※文頭にくる文字も小文字になっています）
　「ピザのデリバリー・サービスを使ったので、外出する手間が省けました」
　[me / delivery / to / the / going / trouble / eat / pizza / the /out / saved / of].
【問題4】次の英文のカッコ内に入るものを選びなさい。
　I (　　) her more kindness than I can ever repay.
　1. owe　　2. borrow　　3. lend　　4. own

【問題3】与えられた日本文から、「ピザのデリバリー・サービスは私から外出する手間を奪った」と考え、〈save 人 + 手間〉の形にします。**正解は、The pizza delivery saved me the trouble of going out to eat.** となります。この save も「奪う」と解釈できますが、特に「（手間などの）悪いものを奪う」という場合に使います。ちなみにこの save を、spare に置き換えても意味は変わりません。

【問題4】空所直後が her more kindness なので、〈V 人 + 物〉の形になっていることがわかります。この形を取れるのは、1. owe と 3. lend です。lend は前のセクションで学んだ give 型の動詞なので、〈lend 人 + 物〉で「人 に 物 を（一時的に）与える」⇒「人 に 物 を貸す」という意味になります。問題文後半を見ると、repay（払い戻す、返金する）という動詞があるので、「借りる」という意味の **1. owe が正解**になります。「私は返せないほどの多くの親切を彼女に借りている」ということから、「やさしくしてもらっている」となります。

《正解・和訳》
【問題3】 The pizza delivery saved me the trouble of going out to eat.
【問題4】 1. owe
　　　　　彼女には返せないほどやさしくしてもらっている。

■ 2つの意味がある spare

最後に spare について、1つ注意点があります。この動詞は、give 型と take 型の両方に属します。つまり「与える」と「奪う」という2つの意味があるのです。ただし、どちらかを判別するのは簡単で、**目的語に 時間 が来たら give 型**です。**手間など のマイナスイメージの名詞が来た場合は take 型**になり、その場合 save と同じ意味です。

---

give 型：spare 人 + 時間 「人 に 時間 を与える」
　　　　　　　　　⇒「人 に 時間 を割く」
take 型：spare 人 + 手間など 「人 から 手間など を奪う」
　　　　　　　　　⇒「人 の 手間など が省ける」

入試問題で確認してみましょう。

【問題5】次の英文のカッコ内に入るものを選びなさい。
　Our president can (　　) you ten minutes around three in the afternoon.
　1. spare　　2. borrow　　3. make　　4. take

正解は 1. spare です。〈spare 人 + 時間〉になっているので、「あなたに 10 分を与える」⇒「10 分を割く」です。いきなり spare の「割く」という意味をあてはめるのではなく、「時間を与える」⇒「時間を割く」という流れで理解すると、頭の中が整理されるはずです。

《正解・和訳》 **1. spare**
　　　　　　社長は午後 3 時頃に 10 分ほど時間を割けます。

「thank 型」の動詞と for の関係

ここでは「thank 型」の動詞を取り上げます。まずは、入試問題を解いてみましょう。

次の英文のカッコ内に入る適切な語を選びなさい。
【問題1】
I can hardly thank you enough (　　) your kindness.
1. for　　　2. by　　　3. with　　　4. over

【問題2】
I am so grateful (　　) what you did for my parents.
1. for　　　2. to　　　3. with　　　4. of

　【問題1】は、Thank you for 〜という定番の表現から、なんとなく for を選ぶことができるかもしれません。しかし、【問題2】は少し戸惑ったのではないでしょうか？
　とりあえず正解は後回しにして、まずは【問題1】に出てくる動詞 thank に注目しながら「thank 型」の動詞を解説していきます。

■ thank 型の動詞には「理由」がともなう
　「thank 型」の動詞は、〈V（動詞）人 for 〜〉の形になり、**「理由」を表わす for を取る**のが特徴です。

---
thank 人 for 〜：「〜のことで人に感謝する」
admire 人 for 〜 / praise 人 for 〜：「〜のことで人をほめる」
blame 人 for 〜：「〜のことで人を責める」
apologize to 人 for 〜：「〜のことで人に謝る」

---

　thank が for をともなうのは、「感謝する」にはなんらかの「理由」が必要だからです。たとえば、いきなり「ありがとう」と言われたら、「どうして？」と理由

をたずねますよね。そこで理由を示す前置詞の for が必要になるわけです。
　ちなみに、「理由の for」は for this reason（この理由で）や be known for ～（～で有名だ）といった表現で使われる for と同類です。
　ここで冒頭の問題に戻りましょう。
　【問題1】では、thank you のあとに強調の意味の enough が割り込んでいるだけなので、「感謝する理由」を表わす **1. for が正解**となります。

《正解・和訳》
【問題1】　1.　for
　　　　　　君のやさしさに感謝してもしきれないよ。

■ 大学入試で頻出する thank 以外の語句
　実際の大学入試では、【問題1】のようなわかりやすい形で thank の語法が問われることは、残念ながらほとんどありません。代わりにほかの thank 型の語句が狙われます。
　たとえば、〈thank 人 for ～〉と同じ意味で、〈**be grateful to 人 for ～**〉（～のことで 人 に感謝している）という表現があります。grateful は「感謝している」という意味の形容詞です。その直前に be 動詞、直後に to が来るところが、動詞 thank とは違いますが、「理由の for」を取るという共通点から、thank 型と覚えておきましょう。

　この grateful の用法が問われているのが【問題2】です。**正解は 1. for** です。この英文では grateful の直後に来る〈to 人〉が省略されています。つまり、I am so grateful〈to you〉(for) what you did for my parents. と考えてください。
　文末の for my parents につられて「ここに for があるから、正解は to では？」などと間違えないようにご注意ください。what you did for my parents で1つの意味のカタマリです。

《正解・和訳》
【問題2】　1.　for
　　　　　　うちの両親にしてくださったことに、とても感謝しています。

■「感謝系」と「非難系」に大別
　thank 型に属する動詞は意味が大きく2つに分かれます。1つは thank を代表とする「**感謝系**」、もう1つは blame を代表とする「**非難系**」です。thank と blame

はまったく逆の意味ですが、どちらも「理由の for」を必要とする共通点があります。「彼は彼女を責めた」と言えば、「どうして？」と理由が必要になりますね。

入試問題で確認してみましょう。

> 【問題3】与えられた語句を適切に並べ替えて英文を完成させなさい。
> A common problem in education is [for / others / that / to blame / we are likely] our personal failures.
>
> （平成7年度センター試験追試験）
>
> 【問題4】次の英文のカッコ内に入るものを選びなさい。
> I apologized (　　) with his homework.
> 1. to my friend for not helping him
> 2. if I don't help him
> 3. that my friend hadn't helped me
> 4. to my friend for his help

【問題3】語群の中から blame に注目して、〈blame 人 for ～〉という形が頭に浮かびましたか？　**正解は、A common problem in education is [that we are likely to blame others for] our personal failures.** です。

【問題4】空所直前の apologized に注目してください。apologize は thank 型と同時に say 型にも属していましたね（「『say 型』の動詞」[117ページ]）。〈apologize to 人 for ～〉の形になるので、**正解は 1. to my friend for not helping him** で、文全体は I apologized to my friend for not helping him with his homework. となります。

《正解・和訳》

【問題3】　A common problem in education is [that we are likely to blame others for] our personal failures.
教育上よくある問題は、われわれは個人的な失敗を他人のせいにしがちであるということである。

【問題4】　1.　to my friend for not helping him
友人に宿題を手伝わなかったことをわびた。

最後に、blame を使ったアルバート・アインシュタインの言葉を見てみましょう。

> **You can't *blame* gravity *for* falling in love.** (人が恋に落ちるのは、重力のせいじゃないんだよ) ──**Albert Einstein**

〈blame 人 for 〜〉の 人 の部分に gravity が来ていることに注目してください。このように 人 だけでなく 物 にも使えます。アインシュタインは、世の中の現象はすべて科学で説明がつくことはなく、人間の恋心は重力のように理屈で説明がつくものではない、と言っているのです。「重力」と「(恋に)落ちる」をかけた、見事な言葉遊びです。

「persuade 型」の動詞と into / out of の関係

ここでは、「persuade 型」の動詞を考えてみます。まずは問題を解いてみましょう。

次の英文のカッコ内に入るものを選びなさい。
【問題1】
　The boy persuaded the girl (　　) going to the concert with him.
　1. into　　　　2. beside　　　　3. beyond　　　　4. under
【問題2】
　I was talked (　　) buying a big car by my sister.
　1. about　　　2. away from　　　3. out of　　　　4. to
　　　　　　　　　　　　　　　　　　　　　　（平成22年度センター試験）
【問題3】
　I'm not good at math, but the school counselor (　　) me into taking geometry.
　1. took　　　　2. talked　　　　3. said　　　　　4. spoke

「persuade 型」の動詞にはどんなものがあるか詳しく見ていきましょう。

■ ポイントは into / out of

persuade 人 into ~ing / talk 人 into ~ing:「人を説得して~させる」
persuade 人 out of ~ing / talk 人 out of ~ing:「人を説得して~するのをやめさせる」

　persuade の基本形は 2 つあります。1 つは〈persuade 人 into ~ing〉で、もう 1 つは〈persuade 人 out of ~ing〉です。
　前置詞 into は「~の中に入っていく」という意味なので、〈persuade 人 into ~ing〉は、説得によって 人 が「~という行為の中に入っていく」というイメージです。また into の逆の out of は「~から外へ出る」という意味なので、〈persuade 人 out of ~ing〉は、説得によって 人 が「~という行為から抜け出る」というイメージでとらえてください。

また、**talk が persuade と同じ意味で使える**ことも覚えておきましょう。talk は本来「話す」という意味で、〈talk with 人〉（人と話す）のようにうしろに前置詞をともなう「自動詞」としての用法がよく知られています。しかし、「説得する」という意味では「他動詞」で、persuade と同じように直後に 人 が来ます。with などの前置詞は不要です。

　talk はこのように自動詞と他動詞の2つの用法がありますが、「〜に話す」という意味では〈talk 人〉という形は取れません。しかし、「説得して〜させる／〜するのをやめさせる」という場合のみ〈 talk 人 into / out of ~ing 〉が可能です。この知識の有無を突いたのが、【問題2】です。

　それでは、問題を見ていきましょう。これまでの説明が理解できていればすぐに正解できるはずです。

　【問題1】persuaded に注目すれば、**正解は 1. into** です。英文の意味は「男の子は女の子を、自分とコンサートに行くように説得した」ということです。

　【問題2】空所直前のI was talked に注目してください。受動態の文になっています。能動態（元の形）が talk me であることに気づけば、これは「他動詞の talk」だとわかります。ということは persuade 型の talk と考えて、解答は into か out of になるはずです。**選択肢には out of しかないので、3. out of が正解**です。

　【問題3】空所のうしろに into があり、〈V（動詞）人 into ~ing〉の形になっています。選択肢の中でこの形が取れるのは、**2. talked** です。

《正解・和訳》
【問題1】　1. **into**
　　　　　男の子は女の子を説得して、一緒にコンサートに行ってもらうことにした。
【問題2】　3. **out of**
　　　　　姉に説得されて大型の車を買うのをやめた。
【問題3】　2. **talked**
　　　　　数学は得意でないが、学校のカウンセラーは幾何学を取るように僕を説得した。

■「tell 型」の動詞にも属する persuade
　ところで、persuade が3つの基本形を持つ「tell 型」の動詞としてすでに登場したことを覚えているでしょうか（「『tell 型』の動詞」[114ページ]）。**persuade 型の用法が「本業」**だとすれば、**「副業」として tell 型にも属し**ているのです。つまり「本業2つ+副業3つ＝5つの語法」があり、実は副業のほうが忙しいという珍し

い動詞なのです。persuade の 5 つの使い方をまとめると、以下のようになります。

---

persuade 型：
1) persuade 人 into ~ing
2) persuade 人 out of ~ing

tell 型：
1) persuade 人 of ～
2) persuade 人 that ～
3) persuade 人 to ～

■ 未知の単語も「型」で類推

　persuade 型は大学入試の文法問題に限って言えば、通例、persuade と talk だけが出題されます。しかし、長文問題では He ***cheated*** her ***into*** buying a fake bag. のような英文を目にすることがあります。

　動詞は cheat ですが、〈V（動詞）人 into / out of ~ing〉という形を取っています。こんな時は、「persuade 型ではないか？」と予測して解釈してみてください。仮に cheat の意味がわからなくても、「彼（の説得）によって、彼女は偽物のバッグを買った」と考えれば文意は十分わかるはずです。cheat は「だます」という意味で、「悪意のある説得」と言い換えることができます。つまり、「彼は彼女をだまして、偽物のバッグを買わせた」ということです。英文読解ではこうした「予測」を立てる力も必要です。

　この考え方を、マイクロソフト社を設立したアメリカの実業家ビル・ゲイツ氏の発言でも確認しておきましょう。

Success is a lousy teacher. It *seduces* smart people *into thinking* they can't lose.（成功とはひどい教師である。賢い人たちに、もはや負けることはないと錯覚させてしまう）——**Bill Gates**

---

　seduce は「誘惑する、そそのかす」という意味ですが、この単語を知っている受験生はほとんどいないでしょう。それでも、〈V 人 into ~ing〉の形に気づけば、「それ（成功）が、賢い人たちに負けることはないと思い込ませる」といった意味を導き出せるはずです。

「prevent 型」の動詞と from の関係

　ここでは、「prevent 型」の動詞を取り上げます。まずは、入試問題を解いてください。

> 【問題1】次の日本文と同じ意味になるように、英文を完成させなさい。
> （※文頭にくる文字も小文字になっています）
> 「夜の雲のせいで、月を見ることができなかった」
> [from / prevented / the clouds at night / us / the moon / seeing].
>
> 【問題2】次の英文のカッコ内に入るものを選びなさい。
> When you are around sick people, it is better to wash your hands often to (　　).
> 1. limit the germs inside
> 2. keep germs from spreading
> 3. prevent the germs to be spreaded
> 4. stop the germs to spread

■「起点」に加えて「分離」も示す from
　prevent 型の基本形は、〈V（動詞）人 from ~ing〉＝「人 が~するのを妨げる」です（人 の部分が 物 になることもありますが、ここでは便宜上〈V（動詞）人 from ~ing〉の形で説明します）。
　前置詞 from の核となるイメージは「~から」という意味の「起点」であることは誰でも知っていると思いますが、**from には「起点」から転じた「分離（~から離れて）」の意味もある**ことをご存知でしょうか？ つまり〈人 from ~ing〉は、「人 が~の動作から分離した」⇒「人 は~しない（できない）」という意味になります。そして prevent の「妨げる」という意味と、from が示す「分離」は相性がいいのです。
　prevent 型に属する代表的な動詞を見ておきましょう。

- 「人 が〜するのを妨げる」
  prevent 人 from ~ing / keep 人 from ~ing / stop 人 from ~ing
- 「人 が〜するのを禁じる」
  prohibit 人 from ~ing / ban 人 from ~ing
- 「人 が〜するのをやめさせる」
  discourage 人 from ~ing / dissuade 人 from ~ing
- 「人 が〜することから救い出す」
  save 人 from ~ing

では、問題の正解を考えてみましょう。

【問題１】語群に prevented が含まれているので、〈prevent 人 from ~ing〉の形が頭に浮かべば簡単に解けますね。**正解は、The clouds at night prevented us from seeing the moon.** となります。

【問題２】**正解は 2. keep germs from spreading** です。〈keep 人 from ~ing〉の形になっていますね。動詞のうしろには 人 が来ることが多いので、先ほど申し上げたように、便宜的に〈V（動詞）人 from ~ing〉で説明していますが、この問題のように 物 が来ても考え方は同じです。3. prevent the germs to be spread, 4. stop the germs to spread は、ともに「from を取る」prevent 型になっていないので不正解です。

《正解・和訳》
【問題１】 The clouds at night prevented us from seeing the moon.
【問題２】 2. keep germs from spreading
病人が近くにいる時は、ばい菌の拡散を防ぐために手を洗うのがいいです。

■ prevent 型の S は「原因」を表わす

prevent 型の動詞の中で、実際の大学入試で問われるのは、ほとんど prevent / keep / stop の３つです。ほかの動詞は、文法問題としてよりも、長文読解の英文の中で登場することが多いようです。

いずれにせよ、prevent 型の動詞はすべて〈S（主語）＋ V（動詞）人 from ~ing〉の形を取り、「S によって 人 は〜しない」という意味が根底にあることを忘れないでください。そう解釈する習慣を付けておけば、S の部分が「原因」になり、文意の重点が「人 は〜しない」にあることが明確になります。

このことを頭に入れた上で、もう一度先ほどの【問題１】を見てみましょう。日本語の文は「夜の雲のせいで、月を見ることができなかった」です。これを見た瞬間、「夜の雲 prevent 私たち from 月を見る」という形をイメージできることが理想です。

さらにもう一歩踏み込んで、入試問題をもう２問解いてみましょう。

【問題３】次の対になった文がほぼ等しい意味になるように、（　）内に適当な１語を入れなさい。ただし、最初の１字は（　）内に示してある。
The report of a shark this morning prevents swimmers from going into the ocean.
= (D　　) (t　　) a shark report, swimmers cannot go into the ocean.

【問題４】次の日本語を英語に訳しなさい。ただし、与えられた語句で文を始めること。
「便が満席になり、彼らは予定どおりに帰国できなかった」
The overbooked flight prevented (　　).

【問題３】主語の The report of a shark this morning が「今朝サメが出たという知らせによって（のせいで）」という「原因」の意味であると考えることができれば、because に代表される因果表現が入ることがわかります。**正解は Due to**（〜のために）で、due to ＝ because of です。

【問題４】英作文の問題です。これも「便が満席 prevent 彼ら from 予定どおり帰国」という構文が即座に予想できれば楽勝です。正解はいくつか考えられますが、**The overbooked flight prevented (them from going back [leaving for / returning] home on time [schedule]).** のように作文できれば、prevent の用法がしっかり理解できているといえます。

《正解・和訳》
【問題３】　Due to
　　　　　今朝サメが出たと知らせが入り、遊泳者は海に入れない。
【問題４】　**The overbooked flight prevented (them from going back [leaving for / returning] home on time [schedule]).**

「provide 型」の動詞と with の関係

ここでは「provide 型」の動詞を取り上げます。まずは入試問題を解いてみてください。

【問題1】与えられた語句を適切に並べ替えて英文を完成させなさい。
The government [the / with / must / victims / provide / food] and water.

【問題2】次の英文のカッコ内に入るものを選びなさい。
When launching up a new project, he was (　　) with a difficult situation.
1. faced　　　2. ordered　　　3. forced　　　4. locked

■ キーワードは「与える」

provide 型の基本形は、〈V（動詞）人 with 物〉=「人に物を与える」です。「一緒に」という意味の with は「付帯」を表わすので、「人に物を付帯させる」⇒「人に物を与える」というイメージで理解してください。

では、provide 型に属する動詞を見ていきましょう。直後に〈人 with 物〉という形を取り、provide と同様に、「人に物を与える」という意味が根底に潜んでいることを確認してください。

---

provide 人 with 物 :「人に物を提供する」
supply 人 with 物 :「人に物を供給する」
furnish 人 with 物 / feed 人 with 物 :「人に物を与える」
present 人 with 物 :「人に物を贈呈する」
endow 人 with 物 :「人に物を与える」

さらに、fill / face / equip も provide 型に分類できます。

---

fill A with B :「A を B で満たす」
face A with B :「A に B を直面させる」
equip A with B :「A に B を備え付ける」

provide 型に属する動詞の多くが、従来、「熟語」として丸暗記させられてきたものばかりです。たとえば、The glass **was filled with** water.（コップは水でいっぱいだった）の be filled with 〜（〜でいっぱいだ）という熟語は、もともと fill A with B（例：He filled the glass with water.）という provide 型の fill が受動態になったものです。「〜が備え付けられている」の意味の be equipped with 〜も、equip A with B が受動態になったものです。

このように「与える」をキーワードに整理しておけば、熟語の丸暗記が大幅に減るはずです。

では、問題の正解を考えてみましょう。
【問題1】provide に注目してください。provide を見た瞬間に、〈provide 人 with 物〉の形が思い浮かべば、**The government [must provide the victims with food] and water.** という正解が導けるはずです。
【問題2】**正解は、1. faced** です。be faced with 〜で「〜に直面している」という意味です。face A with B（A に B を直面させる）が受動態になっただけです。

《正解・和訳》
【問題1】 **The government [must provide the victims with food] and water.**
政府は被災者に食べ物と水を供給しなくてはならない。
【問題2】 1. **faced**
彼は新しいプロジェクトを立ち上げる際、困難に直面した。

■ endow の主語は？

ここで、provide 型に属する動詞として挙げた endow についてもう少し詳しく見てみましょう。〈endow 人 with 物〉で、「人 に 物 を与える」という意味です。ただし、物 の部分には通例、**talent**（才能）や **sound mind**（健全な精神）、**sound body**（健全な肉体）など、持って生まれた人間の特徴を表わす語が来ます。「才能」などを授けるとされているのは「神様（God）」です。

したがって endow の場合は、厳密に言えば〈**God endows 人 with 才能**〉という形になるのですが、God という単語を軽々しく口にしたくないという心理が働いて、〈**be endowed with A**〉（[人が] 生まれながらにして A [才能など] を持っている）のように、普通は受動態で用いられます。こうすれば by God が省略できるわけです。「受動態は主語を言いたくない時に使う」という点については、第8章の「受動態を使う本当の意図は？」（94 ページ）を参照してください。

それでは、endow の用法を入試問題で確認してみましょう。

> 【問題3】次の英文中に1語補って正しい文にしなさい。
> David, who is endowed special literary talent, keeps on dazzling many readers all over the world by his works.

is endowed に注目してください。直後に with がありませんね。... who is endowed **with** special liteary talent ... にすれば正しい文になります。endow を受動態にすることで、by God が省略できるわけです。

《正解・和訳》endowed のあとに with
　　　　　デイビッドは、特別な文学の才能に恵まれていて、その作品でつねに世界中の多くの読者を魅了している。

ごくまれに by ～を明示することもありますが、それは **by 以下を特に強調したい**という意図がある場合です。その例をアメリカの第3代大統領トマス・ジェファソンの「独立宣言」の英文で確認して、本セクションの締めくくりとしましょう。

> **We hold these truths to be self-evident, that all men are created equal, that they are endowed *by their Creator* with certain unalienable Rights, that among these are Life, Liberty and the pursuit of Happiness.** (われわれは以下の事実を自明のことと信じる。すなわち、すべての人間は生まれながらにして平等であり、創造主によって不可侵の権利が与えられていることを。その権利には、生命、自由、そして幸福の追求が含まれている)——**Thomas Jefferson**

この文に登場する Creator とは「創造主」、つまり「神」のことです。
ちなみに、この英文はある大学の世界史の試験でも出題されたことがあります。ぜひこの機会に、じっくり読み込んでください。

「think 型」の動詞

ここでは、「think 型」の動詞を取り上げます。まずは、入試問題を解いてみてください。ちょっとむずかしいですよ。

> 【問題1】次の英文の下線部の中で誤っているものを1つ選びなさい。
> I ①have been dreaming ②to travel ③around ④the world.
>
> 【問題2】次の日本文の意味になるように、与えられた語句を用いて14語で英文にしなさい。（カッコ内を9語で）
> 「彼女はリスニングテストでディレクションがよく聞こえなかったとこぼした」
> She [complained / unable / well / directions] on the listening test.

■ キーワードは「思う、言う」

think 型の基本形は、〈V（動詞）of 名詞〉または、〈V（動詞）that S + V〉です。この型に属する動詞は、「思う」「考える」「言う」「口に出す」といった意味のものばかりです。代表的なものは、次の4つです。

> think of ～ / think that ～：「～と思う」
> dream of ～ / dream that ～：「～と夢見る」
> complain of ～ / complain that ～：「～について不満を言う」
> boast of ～ / boast that ～：「～について自慢する」
> ※前置詞の of は「～について」という意味で、about になることもあります。

単純化すると、**think** や **dream** は「思う／考える」系統、**complain** や **boast** は「**言う**」**系統**の動詞ですね。われわれ日本人にとってはまったく異なるように感じられる「思う」と「言う」ですが、英語の世界では、「思ったことは神様には伝わってしまう」という考えからか、この2つを厳密に区別していないように思えます。少なくとも、語法上は think も complain も同じ形で使われるわけです。

ではここで、冒頭の問題の正解を考えてみましょう。

【問題1】dreaming に注目してください。dream は think 型の動詞ですから、その直後には of か that が必要で、間違っても to 不定詞が来ることはありません。この点を押さえておけば、② **to travel** が間違いで、**of traveling** にすれば、正しい英文 I have been dreaming of traveling around the world. になります。

【問題2】complained に注目してください。complain も think 型なので、〈complain of ～〉または〈complain that ～〉の形を取ります。

構文としては that 節を取るほうが簡単なので、こちらから考えてみましょう。「彼女は～とこぼした」は、She complained that ～です。「ディレクションがよく聞こえなかった」は、she was unable to hear the directions well です。ただし、このままだと全体で 15 語になってしまうので、接続詞の that を省略すれば正解になります。**正解は She [complained she was unable to hear the directions well] on the listening test.** です。

〈complain of ～〉を使う場合は、of のうしろには動名詞が来るので、she was unable を being unable にします。**正解は She [complained of being unable to hear the directions well] on the listening test.** になります。こちらもカッコ内は 9 語なので、2 つの正解が考えられる問題です。

《正解・和訳》

【問題1】　② to travel → of traveling
　　　　　世界旅行をしてみたいとずっと夢見ている。

【問題2】　She [complained she was unable to hear the directions well] on the listening test.
　　　　　She [complained of being unable to hear the directions well] on the listeing test.

■ think 型の形容詞にも注目

think 型の代表的な動詞を 4 つ (think / dream / complain / boast) 挙げましたが、実はこの think 型に属する形容詞もたくさんあります。そこで、1 つの考え方として、「思う・言う系統」の動詞・形容詞に遭遇したら、「think 型ではないだろうか？」と推測してみることをオススメします。この方法を習慣づけるだけで、丸暗記しなければならない熟語が格段に減るはずです。

《think 型の形容詞の例》

be sure of ～ 「～を確信している」/
be conscious of ～ 「～に気づいている」/ be aware of ～ 「～に気づいている」/

> be ignorant of 〜「〜に気づいていない」/ be proud of 〜「〜を誇りに思う」/
> be ashamed of 〜「〜を恥ずかしく思う」/ be afraid of 〜「〜を怖がる」/
> be careful of 〜「〜に気をつける」

　think 型の形容詞の直後には、動詞と同様に that 節をつづけることもできます。たとえば、sure の場合、〈be sure that 〜〉という形も可能です。
　入試問題で確認してみましょう。

次の英文のカッコ内に入るものを選びなさい。
【問題 1】
　He was (　) of the danger in that part of the world.
　1. finding　　　2. known　　　3. aware　　　4. sensitive
【問題 2】
　Lisa was not (　) that she was sitting at the teacher's table.
　1. aware　　　2. awakened　　　3. awareness　　　4. awake

【問題 1】be (　) of という形になっています。〈be aware of 〜〉(〜に気づいている) を推測できれば、**正解の 3. aware** を選ぶことができます。
【問題 2】【問題 1】と同様、**正解は 1. aware** です。that 節を取って、〈be aware that 〜〉という形になります。

《正解・和訳》
【問題 1】　3.　aware
　　　　　彼は世界のあの地域が危険な状況にあると気づいていた。
【問題 2】　1.　aware
　　　　　リサは自分が先生の席に着いていることに気がついていなかった。

「suggest 型」の動詞と仮定法現在

ここでは、「suggest 型」の動詞を取り上げます。まずは、入試問題を解いてみてください。

次の英文のカッコ内に入るものを選びなさい。
【問題1】
　Bill requested that everyone (　　) keep quiet about the surprise party.
　1. can　　　　2. would　　　　3. should　　　　4. lay
【問題2】
　The manager proposed that marketing research (　　) before the product is released.
　1. was not conducted　　　　2. be conducted
　3. will be conducted　　　　4. had been conducted

---

suggest 型の動詞は、今までかなり誤解をされてきました。従来の参考書では、以下のように説明されています。

(-_-;)《従来の丸暗記型英文法が定義する suggest 型の動詞》
提案・主張・要求・命令・決定の動詞が来た場合、that 節の中では should ＋動詞の原形か、should が省略されて動詞の原形のみが来る。

この説明をどう解釈すればよいのか考えてみましょう。

■ キーワードは「命令」

　suggest 型の動詞は、He ***suggested that*** she (should) stay with him for a few days.（彼は彼女が数日、彼の所にいてはどうかと言った）のように、that 節を取るのが特徴です。以下は、suggest 型に属する主な動詞です。

> 提案：suggest・propose（提案する）/ recommend（勧める）
> 主張：advocate（主張する）
> 要求：insist・request・require・demand（要求する）/ ask（頼む）
> 命令：order・urge（命じる）
> 決定：decide（決定する）

　ここまでは従来の説明と同じです。しかし「提案・主張・要求・命令・決定」という項目に分けて、これらの動詞を暗記するのは苦痛かもしれません。
　そこで suggest 型の動詞をよく見てみると、**「命令」という意味が土台になっている**ことがわかります。たとえば、suggest（提案する）は「やさしい命令」であり、decide（決定する）は「強い命令」と解釈できます。このように suggest 型の動詞を「命令系統の動詞」ととらえることができるのです。

■ should が省略されるわけではない

　つづいて、「suggest 型の動詞の場合、that 節の中では should ＋動詞の原形か、should が省略されて動詞の原形のみが来る」という説明をどう解釈したらいいか考えてみましょう。この場合、通例、イギリス英語なら「should ＋動詞の原形」が、アメリカ英語なら「動詞の原形のみ」が用いられます。
　suggest 型の動詞は「命令系統の動詞」ですから、that 節の内容は「命令する事柄」ですよね。つまり「まだ現実に起きていないこと」です。たとえば、寝ている子供に向かって「早く寝なさい」という命令はありえません。まだ寝ていないからこそ「早く寝なさい」と命令をするわけです。
　この「現実には起きていないこと（＝反事実）」に使われるのが、「仮定法のshould」で、「仮定法現在」と呼ばれています。イギリス英語では「現実には起きていないこと」に重点を置いた should が用いられるのが普通とされています。
　それに対してアメリカ英語では、「命令」の意味を持つ suggest 型の動詞に合わせて、that 節の中も命令文にするという発想なのです。「命令文」には「動詞の原形」を用いますよね。だから that 節の中も「動詞の原形」が来るわけです。つまり「should の省略」ではなく、単に「命令文だから動詞の原形」になるのです。

　そこで、問題の正解を考えてみましょう。
　【問題1】requested に注目してください。suggest 型に属するので、that 節の中の動詞は「should ＋原形」もしくは「原形のみ」がくるはずです。**正解は、3. should** です。
　【問題2】proposed に注目してください。これも suggest 型なので、**正解は、**

2. be conducted になります。原形のみがくるパターンですが、that 節の中で突然 be が出てくるだけで、途端に正解率が下がる問題です。

《正解・和訳》
【問題1】　3. should
　　　　　　ビルは全員に、サプライズ・パーティのことは黙っているように求めた。
【問題2】　2. be conducted
　　　　　　部長は商品発売前に市場調査を実施するよう提案した。

■ 演習問題でポイントを再確認

suggest 型の動詞を扱った問題をさらにつづけます。

次の英文のカッコ内に入る適語を選びなさい。
【問題3】
　I suggested (　　) study hard.
　1. her to　　　2. that she　　　3. to her to　　　4. for her to
【問題4】
The building manager accepted a recommendation that the lobby (　　).
　1. was painted　　　　　　　　2. be painted
　3. has been painted　　　　　4. had been paitend

　【問題3】suggested に注目すれば、**正解は 2. that she** になりますが、ほかの選択肢も吟味してみましょう。
　実は本書で suggest という動詞を取り上げるのはこれで2回目なのです。suggest は say 型にも属していましたね（「『say 型』の動詞」[117ページ]）。say 型の基本形は、〈V（動詞）to 人 that ～〉です。つまり suggest も、〈suggest to 人 that ～〉という形が取れるわけです。
　したがって、【問題3】で言えば、選択肢 1. her to のように、直後に her が来ることはありえません。また、3. to her to は、to her まではいいのですが、to 不定詞が不可です。4. for her to にいたっては、for も to 不定詞も不可です。say 型の動詞は to 不定詞を取りません。I suggested (to her that she) study hard.（私は彼女にもっと熱心に勉強するように提案した）なら正しい文です。
　【問題4】を解くには、suggest 型の動詞の recommend が名詞の recommendation になっても、直後の that（「同格の that」と呼ばれています）の中では、「should

＋動詞の原形」か、動詞の「原形のみ」を取ることを理解しておく必要があります。
正解は、2. be painted です。最新傾向の問題として、しっかりチェックしておいてください。

《正解・和訳》
【問題３】 2. **that she**
　　　　　私は彼女に、もっと熱心に勉強したらどうだと言った。
【問題４】 2. **be painted**
　　　　　ビルの管理人はロビーを塗装したらどうかという勧めを受け入れた。

「regard 型」の動詞と as の関係

本章の最終セクションでは、「regard 型」の動詞を取り上げます。まずは、入試問題を解いてみてください。

> 【問題1】適切な語順に並べて英文を完成させなさい。
> Hana [as / of / Renko / thinks] her bosom friend.
>
> 【問題2】次の英文のカッコ内に入るものを選びなさい。
> Aikido is regarded (　　) a world sport because it is practiced all over the world.
> 1. as　　2. of　　3. to　　4. for

■ ポイントは A as B

regard 型の動詞の基本形は、〈V（動詞）A as B〉です。この型に属する動詞は、基本的に「**A を B とみなす**」という意味になります。代表的な動詞は以下のとおりです。それぞれの動詞に多少の意味の違いはありますが、すべて「みなす」と考えて問題ありません。

> regard / look on / think of / see / take / view / identify / refer to / describe / recognize

〈V（動詞）A as B〉の形を取る動詞はたくさんありますが、大学入試の文法問題で問われるのは、regard, look on, think of の3つに絞られます。
　ここで冒頭の問題の正解を考えてみましょう。
　【問題1】**正解は Hana [thinks of Renko as] her bosom friend.** です。〈think of A as B〉の形です。ちなみに、think of は、「『think 型』の動詞」（144ページ）でも触れました。think 型では、〈think of 名詞・名詞相当語句〉または〈think that ～〉の形を取ります。一方、regard 型は、この〈think of 名詞〉のうしろに as が来ると考えればいいんです。
　【問題2】**正解は、1. as** になります。〈regard A as B〉の受動態で、〈A is regarded as B〉の形になっています。

《正解・和訳》
【問題1】 Hana [thinks of Renko as] her bosom friend.
ハナはレンコを腹心の友と思っている。
【問題2】 1. as
合気道は、世界中で競技されているので、世界のスポーツとみなされている。

■ キーワードは「みなす」

regard, look on, think of 以外の動詞は、文法問題ではあまり問われませんが、実際の英文にはよく出てきます。その時は、「〈V（動詞）A as B〉の形になっているので、regard 型だ。ということは『みなす』という意味になるはずだ」と考えてみましょう。

この〈V（動詞）A as B〉が「A を B とみなす」という意味になることを、簡単な英文を使って証明してみましょう。たとえば、I *used* the box *as* a chair. という英文は「その箱を椅子として使った」という意味ですが、仮に used という動詞がわからなかったとします。〈V（動詞）A as B〉という形になっているので、used を regard 型と考えて「みなす」という意味にします。そうすると文全体は「その箱を椅子とみなした」となり、十分意味は取れますね。

■ 前置詞 as のうしろには形容詞も来る

さらに問題を解いてみましょう。

【問題3】適切な語順に並べて英文を完成させなさい。
「昔の侍は、名誉は武力と同じぐらい重要だと考えた」
The ancient samurai [ability / as / fighting / important / as / honor / regarded].

語群の regarded に注目すれば、なんてことのない問題です。**正解は、The ancient samurai [regarded honor as important as fighting ability].** です。

《正解》The ancient samurai [regarded honor as important as fighting ability].

ただ、1つ疑問が浮かんだ方もいるかもしれません。前置詞 as の直後には、本来「名詞」が来るはずなのに、今回は「形容詞」important が来ています。

実は、regard 型の動詞の場合、〈V（動詞）A as B〉の「B の部分が形容詞でも OK」なのです。市販の問題集などでも言及されることがあまりないので、疑問に思った方もいるかもしれませんね。でも実際は、この問題のように as の直後に形

容詞が来る英文をよく見かけます。
　その理由が解説されることは私の知る限り一切ないので、自説になりますが、説明してみます。
　regard 型は、いわゆる第 5 文型（SVOC）に分類されます。

```
S ＋ V A as B
      O  C
```

　第 5 文型では O=C であり、かつ C の部分には形容詞がよく来ます。たとえば、The news made me **happy**. というような文です。こういった文との混同からか、as B の B の部分に形容詞が来ることが許容されるようです。

■ regard 型の動詞の例外
　原則的に〈V（動詞）A as B〉の形であれば「A を B とみなす」という意味になるわけですが、膨大な regard 型の動詞の中で **3 つだけ例外**があります。それは **replace, strike, impress** です。

```
S replace O as ～「～として、S は O の代わりになる」
S strike 人 as ～／ S impress 人 as ～「S は 人 に～という印象を与える」
```

　入試問題で確認してみましょう。

【問題 4】次の日本文に合うようにカッコ内に s で始まる単語を書きなさい。
「彼女の流儀は私には奇妙に思われた」
Her fashion (s　　) me as strange.

　正解は struck です。〈strike A as B〉の形になっていますが、regard 型の「A を B とみなす」という意味ではありません。strike – struck – struck と変化し、この英文では過去形の struck です。
　strike は多義語で、なかなかそのイメージがつかみにくい単語ですが、本来は「打つ」という意味です。ここでは「人の心を打つ」→「印象を与える」という意味になります。

《正解》struck

第10章

SVOCの語法

◎ 「使役動詞」の語法を攻略する

◎ 奥が深い「知覚動詞」の語法

◎ 「使役もどき」の動詞の語法

◎ ⟨S + V 人 to ～⟩ の語法

「使役動詞」の語法を攻略する

　本章では、英語構文の要ともいえる「S（主語）＋V（動詞）＋O（目的語）＋C（補語）」から成る、いわゆる「第5文型」の語法を見ていきます。
　本セクションでは「使役動詞」に焦点をあてます。まず、入試問題を解いてみてください。

次の英文のカッコ内に入る適語を選びなさい。
【問題1】
　Yukari knew her daughter didn't like onions, but she made her （　　） them.
　1. eat　　　　2. ate　　　　3. eaten　　　　4. to eat
【問題2】
　The company had its main office （　　） for the first time since 1973.
　1. renovate　　2. will renovate　　3. to renovate　　4. renovated
【問題3】
　Since Tom loves his wife, he （　　） her do anything she wants.
　1. lets　　　　2. enables　　　3. gets　　　　4. permits

■ 決め手になる「3つのSTEP」

　SVOCの型を取る動詞は次ページの《STEP 1》のとおり、全部で5種類あります。細かい違いなどは、次のセクションから説明していきますが、とにかくこの5種類の動詞を見たら「SVOCを予想」するようにしてください（ちなみに、⑤のregard型に関しては第9章の「『regard型』の動詞とasの関係」（151ページ）で扱いました。これもSVOCに分類できますが、「regard型」の動詞としてまとめたほうがわかりやすいです）。
　使役動詞をはじめとするSVOC構文を問う問題は、これから説明する《STEP 1》〜《STEP 3》にしたがえば、正解を導き出すことができます！

《STEP 1》SVOC を取る動詞
⇨ この動詞を見たら SVOC を予想！

① 使役動詞：make（強制・必然）/ have（利益）/ let（許可）のみ
② 知覚動詞：see / watch / hear / feel / think / consider / find / perceive / catch / smell など。
③ 使役もどき：keep / leave / get など
④ V 人 to ～：allow / enable / force / advise など多数
⑤ regard 型：regard / look on / think of など

つづく《STEP 2》では「O と C の関係」に注目してください。O＝C と習いますが、実際の英文では「s'+v' の関係」で考えたほうが断然理解しやすいです。ここでいう s'+v' とは、文の SV ではないけれど、実質「S＋V の関係」があるということです。詳しくは冒頭の問題の正解とともに説明します。

《STEP 2》O と C の関係
⇨ まずは s'＋v' と考える！

① C に動詞（または動詞の変化形）⇒ s'＋v' と考える
② C に形容詞・名詞 ⇒ O＝C と考える

最後の《STEP 3》では「s'＋v' の関係」がポイントです。「s' が v' する」という能動関係の時は、v' に**原形／to 不定詞**もしくは **~ing** のどちらか適切なものが来ます。他方、「s' が v' される」という受動関係の時は、v' に **p.p.（過去分詞）**が来ます。

《STEP 3》s'＋v' の関係
⇨「する」か「される」を判断！

① s' が v' する（能動）
　⇒ v' は原形（使役・知覚動詞の場合）／ to 不定詞（使役・知覚動詞以外の場合）
　　もしくは ~ing
② s' が v' される（受動）⇒ v' は p.p.（過去分詞）

■ 使役・知覚動詞は「特別待遇」
《STEP 3》の①が複雑なので補足説明します。**原形／to 不定詞** は裏表の関係にある１枚のカードと考えてください。使役・知覚動詞の場合、v' は**原形を取り、to**

不定詞は取りません。使役・知覚動詞は「特別待遇（VIP）」の動詞で、特別なゆえに**原形を取れる**と考えれば理解しやすいと思います。他方、「使役」「知覚」といった特別な名前が付いていない「その他の動詞（allow や enable など多数）」は「庶民扱い」の動詞なので、**原形は取れず、to 不定詞を取る**と理解してください。

■ 問題を解いてポイントを復習

　では、問題を考えてみましょう。
　【問題1】空所の前に made があるので「SVOCを予想」することができます（《STEP 1》）。つづいて「O と C の関係」に注目して、まずは her を s'、空所を v' と考えます（《STEP 2》）。そして、「彼女が eat するのか、されるのか」を考えれば当然「eat する」という能動関係（《STEP 3》）ですから、**正解は、1. eat** になります。
　【問題2】had に注目です。SVOC を予想し（《STEP 1》）、its main office を s'、空所を v' と考えます（《STEP 2》）。「本社が renovate される」という受動関係（《STEP 3》）なので、**正解は、4. renovated** になります。
　【問題3】空所のうしろにある do に注目してください。英文の途中でいきなり、動詞の原形 do が出てくるのは、言ってみれば「異常事態」です。この型を取れるのは、「特別待遇」の使役動詞・知覚動詞に限ります。選択肢の中では、**1. lets** だけです。

《正解・和訳》
【問題1】　1．eat
　　　　　ユカリは娘が玉ねぎが嫌いなことを知っていたが、むりに食べさせた。
【問題2】　4．renovated
　　　　　会社は本社ビルを1973年以来、はじめて改修した。
【問題3】　1．lets
　　　　　トムは奥さんを愛しているので、彼女に好きなようにさせている。

　このように「使役動詞」の語法問題は、make, have, let を強く意識して、3つの STEP で解いていくことが大事です。make, have, let 以外に、「〜させる」の意味で使役動詞に分類できる動詞は get をはじめ、ほかにもいくつかありますが、語法がまったく異なるので、本書では使役動詞のグループには入れません。get は、《STEP 1》の「③使役もどき」に属します。これについては「『使役もどき』の動詞の語法」（162ページ）で取り上げます。

奥が深い「知覚動詞」の語法

本セクションでは、「知覚動詞」を取り上げます。まずは、入試問題を解いてみてください。

次の英文のカッコ内に入る適語を選びなさい。
【問題 1】
I could not hear the manager (　　) because my coworkers next to me were talking.
1. speak　　　　2. spoke　　　　3. spoken　　　　4. to speak

【問題 2】
I saw him (　　) onto the field frowning.
1. runs　　　　2. to run　　　　3. ran　　　　4. running

【問題 3】
Kate speaks English very fast. I've never heard English (　　) so quickly.
1. speak　　　　2. speaking　　　　3. spoken　　　　4. to speak

（平成4年度センター試験）

■ 使役動詞と同様の手順で解く

知覚動詞の問題の解法は、使役動詞とまったく同じで、「3つの STEP」にしたがいます。

《STEP 1》　知覚動詞（see / watch / hear / feel / think / consider / find / perceive / catch / smell など）を見たら SVOC を予想する。
《STEP 2》　O と C を s'+v' の関係で考える。
《STEP 3》　s' が v' する／s' が v' される、を判断する。

では、問題をこの手順で確認していきましょう。

【問題 1】知覚動詞 hear に注目して、SVOC を予想します（《STEP 1》）。つづい

て the manager を s'、空所を v' と考えます（《STEP 2》）。最後に「部長は speak する」という能動で解釈するのが自然なので（《STEP 3》）、**正解は 1. speak** になります。「使役・知覚動詞」は特別待遇で、C に「原形」を取ることができましたね。

　【問題 2】知覚動詞 saw から SVOC を予想し（《STEP 1》）、him を s'、空所を v' と考え（《STEP 2》）、「彼は run する」という能動的な動作（《STEP 3》）ですから、**正解は、4. running** となります。

　【問題 3】知覚動詞 heard から SVOC を予想し（《STEP 1》）、English を s'、空所を v' と考え（《STEP 2》）、「英語は speak される」という受動関係が成り立つ（《STEP 3》）ので、**正解は、3. spoken** になります。

《正解・和訳》
【問題 1】　1.　**speak**
　　　　　　　隣で同僚たちがしゃべっていたので、部長の話が聞こえなかった。
【問題 2】　4.　**running**
　　　　　　　彼が顔をしかめてフィールドを走っているのを見た。
【問題 3】　3.　**spoken**
　　　　　　　ケイトは英語をとても速く話す。あんなに速く英語が話されるのを聞いたことがない。

■ 原形と ~ing のニュアンスの違い
　ここからは、知覚動詞をさらに詳しく見ていきます。次の問題を解いてみましょう。

【問題 4】次の英文のカッコ内に入る適語を選びなさい。
　The cowboy caught one of the horses (　　) across the field.
　1. run　　　　2. ran　　　　3. to run　　　　4. running
【問題 5】日本文に合うように、与えられた語句を用いて「13 語」から成る英文を完成させなさい。
　「私は彼女がスマホから SD カードのようなものを取り出すのを見た」
　[saw / out / card / SD / smartphone]

　【問題 1】では「C に動詞の原形が来る」例として hear the manager speak を、また【問題 2】では「動詞の ~ing 形が来る」例に saw him running を確認しました。**知覚動詞の場合、原則的に「C には動詞の原形も、~ing 形も来る」**わけです。

そこで【問題4】を見てみましょう。知覚動詞 caught に注目し（catch は「目撃する」という意味では知覚動詞になります）、SVOC を予想し（《STEP 1》）、one of the horses を s'、空所を v' と考え（《STEP 2》）、「馬の1頭は run する」という能動関係（《STEP 3》）を考えるまでは問題ないのですが、正解の候補として、1. run と 4. running の両方が残ってしまいます。従来ならここで〈catch 人 ~ing〉（人 が〜しているのを目撃する）という熟語を丸暗記して、強引に解答を導き出すのがつねでした。でも機械的な暗記はあてになりません。論理的に理解してこそ真の英語力につながるのです。

　詳しく解説していきましょう。I saw him **running**.（彼が**走っている**のを見た）は「走っている『一部』を目撃する」ということです。~ing が「進行形」のニュアンスで「〜している途中」という意味を持つからです。他方、I saw him **run**.（彼が**走る**のを見た）は「走り始めてから走り終わるまで『一部始終』を目撃する」ということです。**~ing が「進行途中」**であるのに対して、**原形は「完結」**ともいえます。

　以上を踏まえて、もう一度 catch の使い方を考えてみます。catch は知覚動詞でありながら、〈catch 人 動詞の原形〉という形を取れません。理由は「目撃する」という行為はあくまで「行動の一部（途中の姿）」を目にすることだからです。最初から最後までじ〜っと見ることを「目撃」とはいいません。裏を返せば「目撃する」の catch と動詞の ~ing 形の相性はバッチリなわけです。つまり、**catch は C に動詞の ~ing 形しか取れない**のです。この点を理解しておけば問題は簡単に解けます。【問題4】の**正解は 4. running** です。

　【問題5】は知覚動詞 saw に注目して、SVOC の文を組み立てます。「取り出す」は take out です。ここでは「スマホから取り出す一部始終」を見たと考えるのが自然なので、原形の take out を用います。taking out だと「取り出す最中の姿を見かけた」ことになります。「スマホから SD カードを取り出す」のは、言ってみれば一瞬の行為なので、その一部だけを目にすると考えるのはむりがあります。

　したがって**正解**は、**I saw her take out something like an SD card from the smartphone.** となります。

《正解・和訳》
【問題4】　4.　running
　　　　　カウボーイは馬の1頭が平原を走って横切るのを目撃した。
【問題5】　**I saw her take out something like an SD card from the smartphone.**

「使役もどき」の動詞の語法

本セクションでは、keep, leave, get の 3 つの動詞を取り上げます。まずは、入試問題を解いてみてください。

> 【問題1】次の日本文と同じ意味になるように、カッコ内の単語を並べ変えて英文を完成させなさい。
> 「手を洗う時は水を流しっぱなしにしてはいけません」
> You shouldn't [leave / washing / the water / when / running] your hand.
>
> 【問題2】次の英文のカッコ内に入る適語を選びなさい。
> You'd better keep the windows (　　) when it starts to rain.
> 1. close　　　2. closed　　　3. closing　　　4. to close

■ キーワードは「〜させっぱなし」

keep, leave, get などは、「〜させる」という意味では使役動詞（make, have, let）に似ていますが、語法が一部異なります。ここでは**使役もどき**と呼ぶことにします。『『使役動詞』の語法を攻略する』（156 ページ）で述べたとおり、本物の使役動詞は「特別待遇」で、「C（補語）に動詞の原形を取れる」という特権がありましたが、使役もどきはそれができません。この点が「本物」と「もどき」の違いです。

では、冒頭の問題を見ていきましょう。

【問題1】語群の leave に注目です。SVOC を予想し、leave OC（O を C のままにしておく）という形が思い浮かびましたか？「流しっぱなしにして」を leave the water (O) running (C) とまとめられれば、**You shouldn't [leave the water running when washing] your hands.** が容易に完成するはずです。

【問題2】keep に注目です。「3 つの STEP」を思い出してくださいね。まず、SVOC を予想し（《STEP 1》）、the windows を s'、空所を v' と考えます（《STEP 2》）。「窓は close される」という受動関係（《STEP 3》）なので、**正解は、2. closed** になります。

《正解・和訳》
【問題1】 You shouldn't [leave the water running when washing] your hands.
【問題2】 2. closed
　　　　　雨が降ってきたら、窓をしめたほうがいい。

　実は使役もどきの keep，leave に関しては、「〜させっぱなし」という意味で大学入試に出題されます。重要な例をまとめてみましょう。

《「〜させっぱなし」の例》

① 水を流しっぱなしにする
　　leave[keep] the water *running*
② エンジンをかけっぱなしにする
　　leave[keep] the engine *running*
③ 彼女を待たせっぱなしにする
　　leave[keep] her *waiting*
④ ドアにカギをかけっぱなしにする
　　leave[keep] the door *locked*
⑤ 窓を開けっぱなしにする
　　leave[keep] the window *open*

　ちなみに、**leave は「無意識にほったらかす」**のに対し、**keep は「意識的に（わざと）ほったらかす」**というニュアンスの違いがあります。
　また⑤の leave [keep] the window open には注意が必要です。この open の品詞がわかりますか？「動詞」ではなく「形容詞」です。**動詞の open は「開ける」という「（1回きりの）動作」**を表わすのに対し、**形容詞の open は「開いている」という「状態」**を示します。「窓を開けっぱなし」というのは、「ずっと開いている状態」ですから、当然、形容詞の open を使います（opening や opened としないように注意してください）。C が形容詞、名詞の場合は、O＝C の関係が成り立ちます。⑤の例でいえば、the window is open となります。余談ですが、お店の入口に掲示してある "open" は、動詞だという勘違いが多いのですが、形容詞です。

■ **使役動詞のマネをする get**
　最後に get の語法について考えましょう。次の入試問題に挑戦してみてください。

次の英文のカッコ内に入る適語を選びなさい。
【問題3】
　I got Mike (　　) my bike.
　1. fix　　　　2. be fixed　　　3. to fix　　　4. to be fixed
【問題4】
　I believe you should get your hair (　　).
　1. cut　　　　2. cuts　　　　3. cutting　　　4. to be cut

　【問題3】got に注目して、SVOC を予想し（《STEP 1》）、Mike を s'、空所を v' と考えます（《STEP 2》）。「マイクが自転車を fix する」という能動関係（《STEP 3》）なので、**正解は、3. to fix** になります。〈get 人 to 〜〉で「人 に〜させる」となります。to 不定詞が来る点に注意してください。keep や leave と同様に get はあくまで「使役もどき」なので、原形だけの 1. fix は取れません。

　【問題4】get に注目です。SVOC を予想し（《STEP 1》）、your hair を s'、空所を v' と考えます（《STEP 2》）。「髪は cut される」という受動関係（《STEP 3》）なので、**正解は、1. cut** になります（この cut は過去分詞形です）。

　しかし、4. to be cut が正解と思った方もいるのではないでしょうか？ 【問題3】の正解が〈get 人 to 〜〉という形だったので、この場合も〈get 人 to be p.p.（過去分詞）〉と考えたくなりますが、結論から言うと、**〈get 人 p.p.〉**のみが正解です。

《正解・和訳》
【問題3】　3. to fix
　　　　　マイクに自転車を直してもらった。
【問題4】　1. cut
　　　　　君は髪を切ってもらったほうがいいと思う。

まとめると以下のようになります。

---
① 〈get 人 to 〜〉=「人 に〜させる」または「人 が〜する」という能動関係
② 〈get 人 p.p.〉=「人 が〜される」という受動関係
※ 人 の部分は 物 でも可。

繰り返しますが、get は使役動詞ではありません。しかしOとCが「受動関係」になる時だけは、〈make 人 p.p.〉や〈have 人 p.p.〉のように、to be をともなわ

ずに過去分詞を取れるのです。つまり「受動関係」の時だけは、どさくさにまぎれて「(特別待遇の) 使役動詞」に憧れてマネをしてしまう、と考えるといいでしょう。

〈S + V 人 to ～〉の語法

本セクションは SVOC（第5文型）の語法の締めくくりです。まずは、入試問題を解いてみましょう。

【問題1】次の英文のカッコ内に入る適語を選びなさい。
　Please allow (　) with you frankly.
　1. talk　　　　2. talking　　　　3. talking me
　4. me talk　　5. me to talk　　6. to talk me

【問題2】次の英文のカッコ内に入る適語を選びなさい。
　Mother would not (　) us to use her computer.
　1. let　　　　2. agree　　　　3. permit　　　　4. consent

【問題3】与えられた語句を並べ替えて、日本文と同じ意味になるように正しい英文を完成させなさい。
「一生懸命勉強したので、美香はテストがよくできた」
　Studying hard [do well / the / Mika / to / finally enabled / exam / on].

■ to 不定詞を取る動詞は「未来志向」

　使役動詞や知覚動詞のように、SVOC の C（補語）の部分に「動詞の原形」を取ることができる動詞は「特別待遇」を受けていると本書では力説してきました。他方、C の部分に「to 不定詞」を取る動詞は、言ってみれば「庶民派」で、かなり多くあります。〈S + V 人 to ～〉の型にあてはまる代表的な動詞は以下のとおりです。

allow・permit（許可する）/ want（望む）/ enable（可能にする）/ cause（引き起こす）/ encourage（勇気づける）/ incline（する気にさせる）/ force・oblige・compel（強制する）/ ask（頼む）/ advise（助言する）/ require・request（要求する）/ expect（期待する）/ determine（決心させる）/ urge（促す）
※このほかに、「tell 型」の動詞も〈S + V 人 to ～〉の形になります。

　to 不定詞は、これから起こる「未来志向」のニュアンスがあるので、上に挙げ

などの動詞も、「**これから〜する**ことを・・・する」という意味を含んでいます。たとえば、〈allow 人 to 〜〉なら、「**これから** 人 が **〜する**ことを許可する」という意味です。この点を意識して動詞を復習すると、記憶の定着度がよくなるはずです。
　では、問題の正解を考えてみましょう。
　【問題1】**正解は、5. me to talk** です。空所直前の allow に注目してください。〈allow 人 to 〜〉の形になっていますね。
　【問題2】**3. permit が正解**です。空所のうしろが us to use なので、〈permit 人 to 〜〉の形になります。
　【問題3】enabled に注目して、〈S enable 人 to 〜〉の形を考えましょう。**正解は、Studying hard [finally enabled Mika to do well on the exam].** となります。

《正解・和訳》
【問題1】　5. me to talk
　　　　　率直にお話しすることをお許しください。
【問題2】　3. permit
　　　　　母は僕らが母のコンピュータを使うのを許してくれないだろう。
【問題3】　Studying hard [finally enabled Mika to do well on the exam].

■ 直訳でなく自然な訳し方を
　〈S + V 人 to 〜〉の直訳は、「S は 人 に〜させる」となりますが、意訳して「S によって、人 は〜する」とすると自然な日本語になります。

〈S + V 人 to 〜〉＝「S は 人 に〜させる」⇒「S によって、人 は〜する」

　この点を踏まえてもう一度【問題3】を見てみましょう。問題文は「一生懸命勉強したので、美香はテストがよくできた」ですが、これは「Studying hard によって、Mika は do well on the exam した」を、自然な日本語表現にしたものです。普段から、〈S + V 人 to 〜〉＝「S によって、人 は〜する」と解釈する習慣をつけておけば、英作文などでも役立ちます。

■ 庶民派から成り上がった help
　つづいて help の語法について解説します。現代英語において help は特殊な動詞です。本来は「庶民派」の動詞でしたが、長い時間をかけてじわじわと成長し、「特別待遇」を受けるような存在にまでなったのです。
　つまり、〈help 人 (to) 動詞の原形〉という形が可能になりました。先ほど例を

挙げた「庶民派」の動詞の中で、「to が省略できる」唯一無二の存在です。もちろん、to 不定詞または原形のどちらも使われますが、大学入試で問われるのは間違いなく〈help 人 動詞の原形〉のほうです。出題者からすると「to の省略が異常現象」であり、出題したくなる心理にかられるのでしょう。

では、入試問題で確認してみましょう。

> 【問題4】与えられた語句を適切に並べ替えて、日本語と同じ意味になるように英文を完成させなさい。
> 「外国の文化に触れれば、考え方も変わるでしょう」
> Experiencing a foreign culture [the way of thinking / change / help / will / you].

語群の中にある help に注目して、〈help 人 動詞の原形〉の形を予想しましょう。help の直後の 人 は you、原形は change ですね。**正解は、Experiencing a foreign culture [will help you change the way of thinking]. です。**

ちなみに、この問題の日本文も「外国の文化に触れれば、考え方も変わるでしょう」=「Experiencing a foreign culture によって、you は change the way of thinking するだろう」という関係になっています。ここでも「S によって、人 は〜する」という解釈が成り立ちます。

《正解》Experiencing a foreign culture [will help you change the way of thinking].

本章では、第5文型 SVOC の語法を解説してきました。語法問題の核と呼べるほど重要なテーマですが、決してむずかしいものではなく、「解法の3つの STEP」や「特別待遇・庶民派」といったキーワードで簡単に理解できます！

第11章

そのほかの動詞の語法

◎ まぎらわしい「自動詞と他動詞」
◎ 「言う」を表わす動詞を区別しよう
◎ 「貸す」「借りる」を表わす動詞を区別しよう
◎ 「似合う」を表わす動詞を区別しよう
◎ 「願う」を表わす動詞を区別しよう
◎ 「思いつく」を表わす動詞の区別とstrikeの語法
◎ 「責める」を表わす動詞の区別とchargeの語法
◎ 「疑う」を表わす動詞
◎ 「勝つ」を表わす動詞を区別しよう
◎ 「感謝する」を表わす動詞を区別しよう
◎ 大学入試で問われるsearch
◎ 訳語では理解できない動詞

まぎらわしい「自動詞と他動詞」

第 11 章では、9 章と 10 章で紹介できなかった語法を解説します。

まず本セクションでは、「自動詞と他動詞」について考えてみます。それでは、入試問題を解いてみてください。

次の英文のカッコ内に入るものを選びなさい。

【問題 1】
　I found my dog (　　) under the table in our living room.
　1. lay　　　2. laying　　　3. lying　　　4. to lie

【問題 2】
　Unlike some other coaches, the new coach did not need to (　　) his voice to get our attention.
　1. rise　　　2. rose　　　3. raise　　　4. raised

【問題 3】
　She (　　) in Osaka.
　1. raised　　2. reared　　3. was grown up　　4. was brought up

■ キーワードは「あっそう」と「何を？」

　多くの英語学習者が自動詞と他動詞の判別を苦手にしていますが、簡単な方法があります。それは、**「あっそう」と応えるのが「自動詞」**、**「何を？」と聞き返すのが「他動詞」**という方法です。

　たとえば、Birds **fly**.（鳥は飛ぶ）の fly（[空を] 飛ぶ）は、「あっそう」と返すことができるので「自動詞」です。「何を？」と聞き返す必要がありません。

　他方、I **bought** a new car.（新車を買った）の buy（買う）の場合は、bought（buy）のあとに「何を？」と購入した「もの」が必要になるので「他動詞」になります。この方法は例外があるものの、大半の動詞に通用するので、ぜひ頭に入れておいてください。

　念のため、自動詞と他動詞の違いを簡単に確認しておきましょう。自動詞はうしろに名詞が来ることはありませんが、他動詞はうしろに名詞が来ます。この名

詞のことを「目的語」といいます。「目的語」とは「他動詞のうしろに来る名詞」と言い換えることもできます。

　また、自動詞は目的語がないので、受動態にすることはできません。たとえば、自動詞 rise（上がる）の受動態として be risen という形は存在しないのです。受動態にできるのは、目的語をともなう他動詞だけです。

　ここまでの説明を表にまとめると以下のようになります。

	判別法	うしろの「名詞」の有無	受動態の可・不可
自動詞	「あっそう」	うしろに名詞は来ない （形容詞・副詞などが来る）	受動態にできない
他動詞	「何を？」	うしろに名詞が来る （「目的語」と呼ぶ）	受動態にできる

■ 間違いやすい動詞の組み合わせ

　ここで、まぎらわしい動詞を整理しましょう。ポイントになるのは「自動詞・他動詞」「意味」「活用（過去・過去分詞形）」の3つです。

《lie vs. lay》

lie：自動詞　「いる・ある・横になる」　lie—lay—lain
lay：他動詞　「置く・横にする」　lay—laid—laid

　参考書などには、lie は「横たわる」、lay は「横たえる」という意味であるといった記述がありますが、堅苦しい表現なのであまりオススメしません。lie は「いる・ある（横になる）」、lay は置く（横にする）」と覚えてください。lie は「あっそう」で、lay は「何を？」で区別できますね。

《rise vs. raise》

rise：自動詞　「上がる」　rise—rose—risen
raise：他動詞　「上げる」　raise—raised—raised

　rise（上がる）は The curtain rose.（［劇場で］幕が上がった）のように使われ、「あっそう」と返すだけなので「自動詞」です。他方、raise（上げる）は、He **raised** his hand.（彼は手を上げた）のように「何を？」と、上げた「もの（対象）」が必要になるので「他動詞」だとわかります。

《grow up vs. bring up》

grow up：自動詞　「育つ」	grow up— grew up— grown up
bring up：他動詞　「育てる」	bring up —brought up— brought up

grow up も bring up も「あっそう／何を？」という判別法を使えば簡単ですね。では冒頭の問題の正解を見ていきましょう。

【問題1】**正解は 3. lying** です。知覚動詞の found に注目すれば、SVOC の構文と予想できるはずです。my dog が O（目的語）、空所が C（補語）になります。さらに、my dog が s'、空所が v' になるわけですが、空所のうしろは under the table と in our living room という前置詞のカタマリ（ともに副詞句）しかありません。つまり「何を？」に相当する名詞がないので、空所には自動詞が入ることになり、lie の ~ing 形である **3. lying が正解**になります。すでに学んだとおり、find は補語に to 不定詞を取らないので、4. to lie は誤りです。

【問題2】**正解は、3. raise** です。空所直後に his voice という「何を？」に相当する名詞が来ているので、空所には「他動詞」の raise が入ります。

【問題3】**正解は、4. was brought up** です。bring up = raise= rear で「（人）を育てる」という意味の他動詞です。他動詞なので、直後に名詞を取るか、あるいは受動態で使う必要があります。grow up は「（～を）育てる」ではなく、「育つ」という自動詞なので、3. was grown up のような受動態は存在しません。

《正解・和訳》

【問題1】　3.　**lying**
　　　　　私の犬が居間のテーブルの下にいるのを見つけた。

【問題2】　3.　**raise**
　　　　　新しいコーチは、ほかのコーチとは違って、大きな声でわれわれの注意をひくことをする必要はなかった。

【問題3】　4.　**was brought up**
　　　　　彼女は大阪で育った。

「言う」を表わす動詞を区別しよう

本セクションから、意味が類似した動詞を取り上げて、用法の違いを解説します。

「言う」という意味を持つ動詞には、**tell / say / talk / speak** があります。この4つの動詞について、従来の参考書では「tell は伝えることに重点があり、say は発言そのものに重点があって…」といった説明が強調されてきましたが、こうした知識の前に、まずは「型を知る」ことがとても重要です。

本書では、すでに「tell 型」と「say 型」の特徴を解説しました。(tell 型については「『tell 型』の動詞」[114 ページ] を、say 型については「『say 型』の動詞」[117 ページ] を参照)。ここではその知識をもとに、さらに詳しく見ていきましょう。

では、入試問題を解いてみてください。

次の英文のカッコ内に入る適語を選びなさい。
【問題1】
　The employee should be punished because he (　　) his manager a lie.
　1. said　　　　2. told　　　　3. talked　　　　4. spoke
【問題2】
　My boss (　　) me to give him a written proposal.
　1. said　　　　2. told　　　　3. talked　　　　4. spoke
【問題3】Linda finally (　　) me into buying a new laptop.
　1. said　　　　2. told　　　　3. talked　　　　4. spoke

■ 4つの動詞の型

tell / say / talk / speak の語法の違いを表にまとめると以下のようになります。まずは例外的な「特別な語法」ではなく、「基本的な語法」を頭に入れることを考えてください。それでほとんどの大学入試問題に対応できるはずです。

《tell / say / talk / speak の基本的な語法》

【tell の語法】直後に 人 が来る
1) tell 人 of 〜

2) tell 人 that ～
3) tell 人 to ～
4) tell 人 ＋ 物
　　※ 4は本来 give 型に属します。

【say の語法】that 節を取るのが特徴
1) say to 人 that ～
2) say that ～（口語では that は省略可）

【talk の語法】（原則、自動詞なので）直後に前置詞が必要
1) talk to / with 人
2) talk about / over 物 など

【speak の語法】（原則、自動詞なので）直後に前置詞が必要
1) speak to / with 人
2) speak about / of / on 物 など
　　※ speak English のような「他動詞」としての用法はまれと考えてください。

　では、4つの動詞の型にしたがって、問題を考えてみましょう。
　【問題1】　正解は、2. told です。空所直後の his manager a lie に注目してください。〈(　) 人 ＋ 物〉の語順になっています。この形を取れるのは tell だけです。
　【問題2】正解は、2. told です。空所直後に me があります。直後に 人 を取れるのは、tell です。この問題では、3. talked に注意が必要です。talk は原則「自動詞」ですが、特別な語法として、persuade 型にも属していて、〈talk 人 into / out of ~ing〉の形で使われます。つまり問題の英文に into や out of があれば、talk もありうるのですが、to give him a written proposal なので told だけが正解になります。この知識を求められるのが、次の【問題3】です。
　【問題3】正解は、3. talked です。空所直後が me into buying になっています。

《正解・和訳》
【問題1】 2. told
　　　　　その社員は部長にうそをついたのだから、処罰されるべきだ。
【問題2】 2. told
　　　　　上司は私に企画書を出すように言った。
【問題3】 3. talked

リンダはとうとう私を説得して新しいノートパソコンを買わせた。

■ 総合問題で理解度チェック
　最後に復習として、もう1問チャレンジしてみましょう。

【問題4】次の英文の空所1～5に入る語として，最も適切なものをA～Eから選びなさい。同じものを2回以上使ってはいけません。
I had lost some weight, so I（ 1 ）with my doctor today. I（ 2 ）him if I was healthy and he（ 3 ）that I was doing fine. He（ 4 ）me that my heart was strong and I was eating healthy food, so I（ 5 ）that I would keep it up.
　A. asked　　　B. promised　　　C. said　　　D. talked　　　E. told

　「型に注目」すればあっさり解けます。空所のあとの語句に注目してください。(1)のあとはwithですから、自動詞が入ります。**D. talkedが正解**です。(2)のあとはhim if I was healthyの形になっています。つまり、SVOOを取る動詞が正解です（if...は名詞節）。さらに(4)も直後がme that...なのでSVOOを取る動詞が入るはずです。選択肢でこの形を取るのはA. askedか、E. toldです。この2つの意味をじっくり考えて答えを出せばいいわけです。(2)は「…かどうかたずねた」が文脈上適切なので、**A. askedが正解**になります。(4)はthat以下のことを「話した」なので**E. toldが正解**。

　(3)と(5)は、直後にthat節が来ていますね。残ったB. promisedとC. saidの意味から判断します。(3)はsay that ~ の形から**C. saidが正解**。(5)はthat I would keep it upが「これから（would）もつづける」という内容なので、**B. promisedが適切**です。

《正解・和訳》
（1）**D. talked**　（2）**A. asked**　（3）**C. said**　（4）**E. told**　（5）**B. promised**
　体重が減ってしまったので、今日、医者と話した。私は健康かとたずねると、状態はいいと答えてくれた。医師によると、私は心臓が強く、健康的な食事がとれているそうだ。そして私は今後もそうしたいと約束した。

　このように、動詞の類義語の問題は、まずは、**1) 型の違いで判断**し、もし正解として複数の選択肢が考えられる場合は、**2) 文意で判断**する、という方法で正解を導くのが速くて確実です。

「貸す」「借りる」を表わす動詞を区別しよう

　ここでは、「貸す」「借りる」という意味の動詞を取り上げます。まずは、入試問題を解いてみましょう。

次の英文のカッコ内に入るものを選びなさい。
【問題1】
　Nancy seemed to be cold, so I (　) her my scarf.
　1. borrowed　　2. lent　　3. hire　　4. had
【問題2】
　I (　) Emma some money and must pay her back by Tuesday.
　1. borrowed　　2. lent　　3. owe　　4. own

■ まずは「型」で判断しよう

　前のセクション（「『言う』を表わす動詞を区別しよう」）では、「言う」という意味の動詞を区別するには、ニュアンスの違いよりも「型で判断する」ことの重要性を強調しました。「貸す」「借りる」という意味の動詞を区別する場合も、まったく同じです。
　lend は「貸す」という意味で、〈lend 人 + 物〉の形を取ります。仮に、lend の意味が「貸す」か「借りる」かわからなくなっても、〈V（動詞）人 + 物〉は原則「give 型」（「『give 型』の動詞」[124ページ]）になるので、「与える」に意味が近い「貸す」だと判断できます。
　一方、「借りる」の意味の動詞 **owe** には注意が必要です。lend と同様に〈owe 人 + 物〉の形を取りますが、こちらは「奪う」という意味の「take 型」に属します。give 型と同じ型を取りながら、例外的に「人 から 物 を奪う」という意味で使われるのです（「『take 型』の動詞」[127ページ]）。「奪う」に意味が近いのは、「貸す」ではなく、「借りる」のほうですね。〈owe 人 + 物〉は「人 から 物 を奪う」⇒「人 に 物 を借りる」と理解すればいいわけです。

　それでは、問題を見てみましょう。

【問題 1】正解は、2. lent です。空所直後の her my scarf が〈（　）人＋物〉という形になることに注目してください。この型を取るのは選択肢の中で lent だけです。

　【問題 2】正解は、3. owe です。空所直後は Emma some money で〈（　）人＋物〉という形になっています。したがって、選択肢は 2. lent と 3. owe に絞られます。文の後半の pay her back で、お金は「借りている」と判断できるので、owe が正解になります。1. borrow も「借りる」で、金銭に対して使えますが、He borrowed money from the bank.（彼は銀行からお金を借りた）というように、〈V（動詞）物（金銭）from 人〉という形を取ります。borrow については、あとで詳しく説明します。

《正解・和訳》
【問題 1】　2. lent
　　　　　ナンシーが寒そうだったので、スカーフを貸してあげた。
【問題 2】　3. owe
　　　　　エマにお金を借りたので、火曜日までに返さないといけない。

■「型」でダメなら「特徴・文意」で勝負
　lend と owe の区別ができたところで、次の問題へ進みましょう。

次の英文のカッコ内に入るものを選びなさい。
【問題 3】
　If you're looking for a place to eat downtown, you may want to (　　) this restaurant guide.
　1. borrow　　　2. issue　　　3. lend　　　4. return
　　　　　　　　　　　　　　　　　　　（平成 21 年度センター試験追試験）
【問題 4】
　I have to contact her. May I (　　) your cellphone, please?
　1. rent　　　2. lend　　　3. use　　　4. lease

　日本語の「借りる」はさまざまな場面で広く使われています。極端な例を挙げると、知人の家に泊まった時に「お湯を借りる」という言い方さえあります。英語では、owe のほかに、**borrow / hire / use** が「借りる」に相当し、すべて〈V 物〉という同じ型（第 3 文型）を取ります。したがって、「型」だけでは違いがわからないので、その動詞の持つ「特徴」や文脈で判断できる「文意」に着目す

る必要があります。順番に見ていきましょう。

　「借りる」の意味で、まず頭に浮かぶのは **borrow** ではないでしょうか？　特徴は「**無料で持っていく（借りる）**」というイメージです。たとえば、友人から CD を「借りる」場合は「無料で持っていっちゃう」わけですよね。

　逆に「有料」であれば **hire** を使います。「hire ＝雇う」と覚えているかもしれませんが、「**有料で借りる**」が基本の意味です。***hire*** a man は「人を有料で借りる」⇒「人を雇う」です。ほかに、***hire*** a car なら「車を借りる」になります。余談ですが、タクシーのことを「ハイヤー」と呼ぶことがあります。これはまさに「車を有料で借りる（hire）」から来た表現といえます。

　use は、「電話を借りる」「トイレを借りる」のように「**その場で使う**」場合に用います。**持ち運びができるものに使う borrow に対し、use は主に備え付けで持ち運びがむずかしいものが対象**になります。

　では、問題の正解を解説します。

　【問題3】**正解は、1. borrow** です。　空所直後の this restaurant guide を「無料で持っていく」わけです。

　【問題4】**正解は、3. use** です。空所直後の your cellphone に注目です。「電話を借りる」＝「電話をその場で使う」わけですから、持ち運びができる携帯電話も use を使います。

《正解・和訳》
【問題3】　1.　borrow
　　　　　　街で食事をする場所を探しているのなら、このレストランガイドをお持ちください。
【問題4】　3.　use
　　　　　　彼女に連絡しなくてはいけません。携帯電話をお借りしてよろしいですか。

■「不動産」と関連の深い動詞とは？

　「借りる」という意味の別の動詞を、さらに問題で確認してみましょう。

【問題5】次の英文のカッコ内に入るものを選びなさい。
We (　) an apartment when we lived in New York, but it was very expensive.
1. borrowed　　2. hired　　3. rented　　4. searched

(昭和63年度センター試験)

正解は、3. rented です。rent は少し変わった動詞で、「**貸す**」と「**借りる**」の**両方の意味**があります。ただし、どちらの意味になるかは文脈から簡単に判断できます。また、*rent* a car という表現からも想像がつくように、「**有料**」(「レンタカー」は有料ですよね)という特徴があります。さらに、目的語に「**不動産**」関連の名詞が多いのも特徴です。したがって、空所直後の an apartment に注目すれば簡単に正解できますね。

《正解・和訳》3. rented
　　　　私たちはニューヨークに住んでいた時、アパートを借りていたが、とても高かった。

以下、本セクションで学んだ「貸す」「借りる」を表わす動詞をまとめます。

意味	英単語	特徴
「貸す」	lend	lend 人 + 物 = lend 物 to 人
「借りる」	owe	owe 人 + 物
	borrow	無料／持っていく場合(本など)
	hire	有料／人・車・衣装などを「借りる」
	use	その場で使う(電話・トイレなど)
「貸す」「借りる」	rent	有料　※「家を借りる」が頻出 rent 人 + 物 = rent 物 to 人「人に物を貸す」 rent 物 from 人「人から物を借りる」

「似合う」を表わす動詞を区別しよう

ここでは、「似合う」という意味を持つ動詞について考えましょう。まずは、入試問題を解いてみてください。

【問題1】次の英文のカッコ内に入るものを選びなさい。
I don't think that red dress (　　) Lisa.
1. suits　　　　2. matches　　　　3. agrees　　　　4. meets

【問題2】次の日本文と同じ意味になるように、英文を完成させなさい。
「このジャケットに合うネクタイを探しています」
I [a tie / with / to / want / go] this jacket.

■ 直後に来るのは 人 か 物 か

「似合う」という意味を持つ動詞の区別は、その直後に来るのが 人 か 物 かで決まります。

---

①うしろに「人」：物 suit 人 / 物 become 人 「物 が 人 に似合う」
②うしろに「物」：物 match 物 / 物 go with 物 「物 が 物 に似合う」

まずは suit から説明します。**suit の核となる意味は「ピッタリ合う」**で、「ピッタリ合う」⇒「似合う」と考えてください。That suit doesn't **suit** you.（そのスーツは君には似合わない）のように使います。**「スーツが suit しない」**と覚えておくとよいでしょう。さらに、「似合う」からは外れますが、「ピッタリ合う」⇒**「都合がつく」**という意味にもなります。たとえば、Would seven o'clock **suit** you?（7時は都合がつきますか？）のように使います。

「似合う」という意味の動詞で、直後に 人 を取るものは、suit 以外に **become** があります。become は「〜になる」という意味が有名ですよね。「服が 人 （の一部）**になる**」⇒「一部になるくらい**似合う**」と考えてください。Your new dress **becomes** you very well.（君の新しい服はとても**似合っています**）のように使うことができます。この become は suit より形式ばった語です。

■ match の原義は「対等の相手」

　つづいて、「似合う」という意味の動詞で、直後に 物 を取るのは match と go with です。**match は、核となる意味が「相手に匹敵する」で、そこから「物と物の調和がとれている」**ことを表わすようになりました。日本語でも「似合う」ことを「マッチする」と言うことがありますね。〈 物 match 物 〉の形で、match の前後にある 物 が「匹敵するようなもの」、つまり対等でなければなりません。もし片方が 人 だったら、釣り合わないことになります。

　また、**match = go with** です。go with 〜は、「〜とともに（仲良く）進む」⇒「似合う」ととらえればむずかしくないはずです。

　では、冒頭の問題を解説していきましょう。

　【問題1】**正解は、1. suits** です。空所の直後に Lisa（人）が来ていますね。2. matches と区別ができるかどうかを試す問題です。

　【問題2】日本文にある「ジャケットに合うネクタイ」を、「物 が 物 に似合う」と考えれば go with という組み合わせが決まります。**正解は、I [want a tie to go with] this jacket.** となります。a tie を to go with this jacket という不定詞句がうしろから修飾しているわけです（直前の名詞 a tie を修飾する「形容詞的用法」です）。

《正解・和訳》
【問題1】　1. suits
　　　　　あの赤いドレスはリサに合わないと思う。
【問題2】　I [want a tie to go with] this jacket.

■ 前置詞をともなう用法にも着目
　「似合う」は、前置詞を使った言い方もあります。
　問題に挑戦してみましょう。

【問題3】次の英文のカッコ内に入るものを選びなさい。
　Lisa looks so charming (　　) her yellow dress.
　1. at　　　　2. by　　　　3. on　　　　4. in

前置詞を使った言い方は、次のように2つあります。

① 人 look good/charming など in 服：「人 は 服 が似合う」
② 服 look good/charming など on 人：「服 が 人 に似合う」

　人 を主語にした場合から説明します。衣服を着ると、服の中に（in）包まれていますよね。決して全身が包まれているわけではありませんが、体の一部でも包まれていれば in を使って〈in 服〉となります。「服に包まれて」⇒「服を着て」と考えてください。

　また、「服」を主語にすると、その服は人に接触して（on）います。**on は本来「接触」を表わす**前置詞です。on は「上」と訳されることが多いのですが、物の表面に物理的に「接触」しているイメージです。たとえば、on the wall（壁に）や on the ceiling（天井に）といった言い方ができます。

　前置詞 in と on を使った「似合う」の例文として、You look good ***in*** the dress. / The dress looks good ***on*** you. が挙げられます。どちらも「そのドレスはあなたに似合っている」という意味です。

　【問題3】の**正解**は、空所直後の her yellow dress に注目すれば、当然 **4. in** になります。

《正解・和訳》4. in
　　　　黄色いドレスを着たリサはとても魅力的だ。

■ fit はサイズについてのみ用いる

　「似合う」に関連して、**fit** という動詞もついでに整理しておきましょう。fit は「似合う」ではなく**「（サイズが）合う」**という意味です。直後に来るのは 人 でも 物 でも大丈夫です。例文として、This dress ***fits*** me very well.（この服はサイズが私にバッチリ合う）や This key won't ***fit*** the lock.（この鍵は錠に合わない）などが挙げられます。

「願う」を表わす動詞を区別しよう

　ここでは、「願う」という意味を持つ動詞 want, hope, wish の使い方を考えてみましょう。まずは、入試問題を解いてみてください。

次の英文のカッコ内に入るものを選びなさい。
【問題1】
　I hope (　　) a pleasant weekend.
　1. you to have　　2. you will have　　3. your having　　4. you having
（平成17年度センター試験）
【問題2】
　I truly (　　) world peace.
　1. hope　　2. hope for　　3. hope to　　4. are hoping
【問題3】
　That's a good idea! I (　　) I'd thought of it.
　1. hope　　2. know　　3. wish　　4. regret

■「2つの点」から整理する

　want / hope / wish の区別に関して、まずは2点を頭に入れてください。

　1つ目が、**want と hope は「ありうることを願う（直説法）」**時に、そして **wish は「ありえないことを願う（仮定法）」**時に使うということです。wish については、I *wish* I were a bird.（鳥になれたらなあ）という、ありえない妄想を述べる文が有名ですね。

　2つ目は、want と hope は直説法のほか、直後に to 不定詞を取るなど、共通点が目立ちますが、実は異なる語法のほうが多い、ということです。大学入試ではそこが狙われるのです。want と hope はよく似ていて、「みんなの前では仲がいいのだけれど、裏では仲が悪い」というイメージでとらえてください。**「want がやることは hope はやらない」**ともいえます。

　次ページの表に want / hope / wish の語法をまとめました。共通点（仲がいい）は2段目までで、3段目（V 人 to ～）以降は、want と hope の使い方はかなり異なります。

直説法／仮定法	want	hope	wish
	直説法	直説法	仮定法
V to 〜	○	○	○*
V 人 to 〜	○	×	○*
V that 〜	×	○ that 節内は will	○ that 節内は仮定法
V for 〜	×	○	○
特殊な文型	want 物 p.p.	—	SVOO*

*wish は、wish to 〜／wish 人 to 〜／S＋V＋O＋O（第4文型）の場合は「直説法」の意味になる。

では、上の表を見ながら、問題を解いていきましょう。

【問題1】空所直前の hope に注目してください。hope は直後に that 節をともないます。さらにその that 節の中は「これからのことを願う」わけですから、原則 will が使われます。したがって**正解は、2. you will have** です。ここで注意が必要な選択肢は、1. you to have です。〈want 人 to 〜〉という形は可能ですが、〈hope 人 to 〜〉は存在しません。「want がやることは hope はやらない」の代表例といえます。

【問題2】〈hope for 〜〉という形が求められています。want が直後に名詞を取ることができる（例：I want you.）のに対して、hope はできません。したがって 1. hope, 4. are hoping は不正解で、**正解は、2. hope for** です。

【問題3】空所直後が I'd thought of it と〈had ＋ p.p.（過去分詞）〉になっているので（この I'd は I had）、I wish (that) I had thought of it.（[過去において] そう考えればよかった）と同様の仮定法過去完了の構文で、that が省略されています。したがって**正解は、3. wish** です。

《正解・和訳》
【問題1】　2. you will have
　　　　　　　楽しい週末になるといいですね。
【問題2】　2. hope for
　　　　　　　私は世界平和を本当に願っている。
【問題3】　3. wish
　　　　　　　なんていい考えなんだ！　僕もそれを思いついていたらなあ。

■ 第4文型を取る wish の例

　大学入試で問われる「願う」という意味の動詞は、出題パターンが限られているので、ここまでの内容をしっかり押さえておけば大丈夫です。しかし、この機会に、さらに入試問題を解いて、wish の使い方を確認しましょう。

【問題4】次の英文のカッコ内に入るものを選びなさい。
I (　　) him a long and happy life.
1. longed　　　2. hoped　　　3. wanted　　　4. wished

　空所直後が him a long and happy life で〈人 ＋ 物〉という形になっていますね。先ほどの表の中に、wish の特殊な文型として、〈S ＋ V ＋ O ＋ O〉（第4文型）がありました。〈wish 人 ＋ 物〉という形で「人 に 物 を祈る」という意味になります。これにしたがえば、よく使われる I *wish* you good luck.（幸運をお祈りします）と同じ構文にすればよいことがわかります。**正解は、4. wished** です。

《正解・和訳》4. wished
　　　　　私は彼が長く幸せに暮らせることを祈った。

■ つねに実現不可能とは限らない

　最後に wish という動詞が持つニュアンスを補足説明します。wish は本来、仮定法で使われます。しかし、【問題4】の I *wish* him a long and happy life. という文を、「（実際はありえないけれど）彼の長く幸せな人生を願う」ととらえてしまうと、話者の気持ちに「嫌味」を読みとってしまうことになります。
　実は wish には「ありえないこと」だけではなく、「ありうることを願う」用法もあるのです。ほかにも、I wish to ～（～したいと願う）という表現があり、I *wish to* express my gratitude for your help.（あなたの助力に対して感謝の意を表したいと思います）のように使います。I want to ～より改まった言い方です。
　このようにあえて仮定法にすることでかしこまったニュアンスを持つ wish の用法もあるのです。また、〈wish 人 ＋ 物〉も「（丁寧に）祈る、願う」という場合に適した表現です。たとえば、I *wish* you great success in your new business.（新たな事業での大成功を願っています）には、「ありえないこと」ではなく、「ぜひ実現してほしいです」という含みがあるのです。

「思いつく」を表わす動詞の区別と strike の語法

　ここでは、「思いつく」という意味を持つ動詞（句）を取り上げます。さらに、その中でも多義語として受験生を悩ませる strike の用法を詳しく説明します。まずは、入試問題を解いてください。。

次の英文のカッコ内に入るものを選びなさい。
【問題1】
　The manager asked us to (　　) up with some new ideas for tomorrow's meeting.
　1. come　　　2. put　　　3. bring　　　4. think
【問題2】
　An excellent idea (　　) me.
　1. happened　2. hit　　　3. struck　　　4. occurred

■ 直後に来るのは 考え か 人 か

　「思いつく」という意味の動詞（句）は複数ありますが、直後に来るのが 考え か 人 かで、どの動詞（句）を使うかを判断します。

① うしろに「考え」： 人 hit upon [on] 考え / 人 come up with 考え
② うしろに「人」： 考え occur to 人 / 考え strike 人

　考え が動詞（句）の直後に来る①の〈 人 hit upon[on] 考え 〉の場合、hit は「ぶつかる、あたる」という意味で、upon[on] は「接触」を表わす前置詞なので、「 人 が 考え に接触する」⇒「 考え を思いつく」となります。また、〈 人 come up with 考え 〉の場合、come up は「やってくる、到達する」という意味で、with は「所有」を表わす前置詞なので、「 人 が 考え を頭の中に所有する」⇒「 考え を思いつく」となります。
　②の 人 が直後に来るパターンの〈 考え occur to 人 〉では、occur（起こる）に to がともなって、「 人 に 考え が起こる／生じる」⇒「 考え を思いつく」という

意味になります。もう１つの動詞 strike は、さまざまな意味を持つ、かなりやっかいな動詞です。あとで詳しく解説しますが、とりあえず〈考え strike 人〉=「考えが人の心に浮かぶ」と頭に入れておいてください。

　それでは、冒頭の問題を見てみましょう。
　【問題１】come up with（〜を思いつく）という熟語なので、**1. come が正解**になります。
　【問題２】空所直後に me という人が来ています。「考え（idea）」を主語にしてこの形が取れるのは、選択肢の中では **3. struck** だけです。4. occurred は、occurred to の形ならば正解になります。

《正解・和訳》
【問題１】　1.　come
　　　　　　　部長はわれわれに、明日の会議のために、いくつか新しい考えを出すように、と求めた。
【問題２】　3.　struck
　　　　　　　あるすばらしい考えが浮かんだ。

■ strike のキーワードは「打つ」

　さて、ここからは strike の語法をもう少し詳しく見ていきます。まずは strike の意味が問われる入試問題にチャレンジしてみましょう。

> 【問題３】下線部の語の意味と同じ意味で使われている用例を、１〜４の中から１つ選んでください。
> In the language-text, there are many subtle distinctions which <u>strike</u> readers as very complex indeed.
> 1. How does the plan strike him?
> 2. Why did you strike your son?
> 3. Did the disease strike the area?
> 4. A terrible thought seemed to strike her.

　strike の原義は「打つ」です。この語にはさまざまな意味がありますが、「打つ」をキーワードにして考えれば理解しやすくなるでしょう。

> - 体を「打つ」⇒「殴る」
> - 頭を「打つ」⇒「思いつく」
> - 心を「打つ」⇒「印象を与える」
> - 災害がその地域を「打つ」⇒「襲う」
>
> ※変化形：strike – struck – struck

　すでに取り上げた「思いつく」という意味の strike は、「考えが頭（脳みそ）をガツンと打つ」というイメージです。大学入試では、「思いつく」だけでなく、「印象を与える」という意味でも strike がよく出題されます。「人の心を打つ」⇒「人に印象を与える」という発想です。たとえば、The plan ***strikes*** me as impossible.（その計画は、私には不可能に思える）といった例が挙げられます。この意味では、strike A as B（A に B という印象を与える）という形で使われることを覚えておきましょう。

　〈V（動詞）A as B〉の形を取るのは regard 型の動詞で、原則「A を B とみなす」という意味になるのですが、strike は例外でしたね（「『regard 型』の動詞と as の関係」[151 ページ]）。

　【問題 3】では、strike を「思いつく」ではなく「印象を与える」の意味で解釈することが求められています。問題文は、「言語テキストには、多くの細かい違いがあり、それが読者にきわめて複雑という印象を与える」といった意味になります。したがって、下線部と同じ意味で使われている strike は、**1. How does the plan strike him?** です。

《正解・和訳》
【問題 3】　1. How does the plan strike him?
　　　　　　彼はその計画にどんな印象を持っているだろうか？
　　　　　　（問題文）その言語テキストには、難解なところがたくさんあり、読者に非常に複雑であると実際思わせてしまう。

　ほかの選択肢の用法も確認しておきましょう。2. の strike は「殴る」、3. の strike は「（災害が場所を）襲う」、4. の strike は、主語が thought（考え）なので「思いつく」、という意味です。このように、strike は原義の「打つ」を基に解釈すればいいのです。

「責める」を表わす動詞の区別と charge の語法

　本セクションでは、「責める」という意味の動詞を取り上げます。さらに、その中でも多義語の charge の語法を詳しく説明します。まずは、入試問題を解いてみてください。

次の英文のカッコ内に入る適切なものを 1〜4 から選びなさい。
【問題 1】
　She (　　) during the busiest week in the year.
　1. blamed me for going to vacation
　2. blamed me of going on vacation
　3. accused me of going on vacation
　4. accused me for going to vacation
【問題 2】
　You can't (　　) your problems on me.
　1. refer　　　2. insist　　　3. blame　　　4. locate
【問題 3】
　The stock trader was charged (　　) violating security laws by spreading false information.
　1. with　　　2. for　　　3. in　　　4. by

■ 前置詞が異なる3つの動詞
　「責める」を意味する代表的な動詞には **accuse，blame，charge** の3つがあります。うしろに来る前置詞がすべて異なるのが特徴です。

---

① accuse 人 of 〜 :「〜に関して 人 を責める」
② blame 人 for 〜 ／ blame 〜 on 人 :「〜の理由で 人 を責める／〜を 人 のせいにする」
③ charge 人 with 〜 :「〜で 人 を責める」

accuse は〈**accuse 人 of ~**〉という形を取ります。この of は「~に関して」という意味です。

　blame は〈**blame 人 for ~**〉が基本形で、thank 型の動詞に属します。thank 型についてはすでに解説しました（131 ページ）。〈thank 人 for ~〉と同じ形を取り、for は「~を理由に」という意味を表わします。また、blame には基本形のほかに〈**blame ~ on 人**〉という形もあります。「~」の部分には「非難されるべき悪いこと」が来て、前置詞 on は悪いことを「**人 の上になすりつける**」というニュアンスで使われます。

　そして、charge は〈**charge 人 with ~**〉という形を取ります。charge についてはあとで詳しく解説するので、まずは形だけ頭に入れておいてください。

　では冒頭の問題の正解を考えてみましょう。

　【問題 1】1. blamed me for going to vacation と 3. accused me of going on vacation の 2 つが〈blame 人 for ~〉と〈accuse 人 of ~〉という形にあてはまります。ただし、「休暇で出かける」は go on vacation が正しい言い方なので、**正解は 3. accused me of going on vacation** です。

　ちなみに「休暇で」の反対は、「仕事で」です。on business のほうがなじみのある表現かもしれませんが、結局のところ、「仕事で」出かけようが「休暇で」出かけようが、「その行為に**接触**した状態で出かける」わけですから、on が使われるのです。

　【問題 2】空所直後が your problems on me になっていますね。すでに説明したとおり、〈blame ~ on 人〉＝〈blame 人 for ~〉です。したがって、**正解は 3. blame** になります。

　【問題 3】〈charge 人 with ~〉の受動態が〈人 is charged with ~〉という形になることを知っているかが問われています。**正解は、1. with** です。

《正解・和訳》
【問題 1】　3.　accused me of going on vacation
　　　　　　　彼女は 1 年でのいちばん忙しい週に休暇を取った私を非難した。
【問題 2】　3.　blame
　　　　　　　あなたの問題を私のせいにできない。
【問題 3】　1.　with
　　　　　　　その株売買人は、風説を流布し、証券取引法に違反したことで、告発された。

■「責める」と「ゆだねる」の意味

さて、ここで charge をもう少し詳しく見てみます。「責める」以外にも多くの意味があり、大学受験生を悩ませる単語の１つです。おまけに、〈charge 人 with ～〉という形には２つの意味があるので、ここでしっかり整理しておきましょう。

> ① 人 を～で責める
> He ***charged me with*** violating the rule.
> （彼は規則を破ったとして私を責めた）
> ② 人 に～をゆだねる
> She ***charged me with*** an important mission.
> （彼女は私に重要な使命を託した）

このように charge は「責める」以外に、**「ゆだねる」**という意味もあります。この構文は〈provide 人 with 物 〉という provide 型に属し（「『provide 型』の動詞と with の関係」[141 ページ]）、「ゆだねる」という意味も、provide の「与える」という意味が土台になっています。

■ キーワードは「負荷・圧力」

charge という動詞が持つイメージは**「負荷・圧力をかける」**です。サッカーやラグビーでは、対戦相手にプレッシャーをかけてボールを奪いにいくことを「チャージをかける」といいます。体を張って、相手に体重をかけていく感じです。charge の原義は「馬車（char は car のこと）に荷物を積む」で、「車に重い荷物をのせる」⇒「車に負担をかける」⇒「負荷・圧力をかける」という意味に発展したと理解してください。

そこで「負荷・圧力」をキーワードにして、charge が持つさまざまな意味を確認していきましょう。

《charge が持つさまざまな意味》

① 請求する／料金・手数料
② 責める・非難する／非難
③ ゆだねる・託す／責任
④ 満たす・充電する／充電

①「請求する」とは「金を払えと圧力をかける」ことです。The hotel ***charged*** them $150 for the room. なら「そのホテルは彼らに部屋代として 150 ドルを請求

した」となります。

　②「非難する」とは「言葉で圧力をかける」ことです。

　③「ゆだねる」という意味は provide（与える）が土台になっていますが、「圧力」のニュアンスが含まれることで、「大事な仕事だぞ」とか「やれるものならやって見せろ」と言わんばかりに「圧力をかける」⇒「ゆだねる」になるわけです。精神的なプレッシャーですね。

　④「充電する」ことを日本語でも「チャージする」といいますね。これは charge の原義「馬車に荷物を積む」で説明ができます。つまり、まるで馬車に荷物を積むように「電池に電気を積んでいく」⇒「充電する」ということです。***charge*** a battery で「電池を充電する」という意味になります。

　このように、charge は「負荷・圧力」を起点に意味を考えていくことを心がけてください。

「疑う」を表わす動詞

　ここでは、「疑う」という意味の動詞、suspect と doubt を取り上げます。まずは、入試問題を解いてみてください。

> 【問題1】①から③の英文が同じ意味になるように、カッコ内に入るものをそれぞれ選びなさい。
> ① I don't think that he told me the truth.
> ② I (　　) that he didn't tell me the truth.
> ③ I (　　) that he told me the truth.
> 1. suspect　　　2. doubt

■「サスペンスドラマ」の suspect

　suspect と doubt の区別でもっとも重要なことは、**"suspect = think"** で、**"doubt = don't think"** と理解することです。「suspect は、『～を疑わしく思う』」「doubt は、『～でないと思う』」のように機械的に丸暗記するのではなく、イメージを浮かべると記憶に定着しやすくなります。

　suspect のイメージは「サスペンスドラマ」です。サスペンスドラマで、「あの男が犯人だろうと**疑う**」ということは「あの男が犯人だろうと**思う**」と同じことですね。**suspect**（疑う）＝ **think**（思う）と覚えておきましょう。

　参考までに、suspect の語源は「sus（下から上に）＋ spect（見る）」⇒「（疑って）下から上まで見る」です。「犯人だろうと疑ってじろじろ見る」といった感じです。I *suspect* the man is the criminal. で「その男が犯人だろうと疑う」という意味になります。ちなみに、suspect には名詞で「容疑者」という意味もあります。

■ doubt は「トランプ遊びのダウト」

　もう1つの動詞 doubt のイメージは、「トランプのダウト」です。相手がウソのカードを出したと思ったら「ダウト！」とコールする、あのゲームです。「本当のカードを出しているか**疑う**」＝「本当のカードを出しているとは**思わない**」となりますね。

　では、ここで問題の正解を考えてみましょう。

①は、①' I *think* that he didn't tell me the truth. と考えてみましょう。ここでは think を使っています。②は、空所以下（that he didn't tell me the truth）が、この ①' の英文とまったく同じですね。したがって、think と同じ意味を持つ **1. suspect** が正解になります。③では、空所以下（that he told me the truth）に注目してください。①' の否定（didn't tell）が肯定（told）になっていますね。したがって、空所には don't think と同じ意味になる **2. doubt** が入ります。

《正解・和訳》
② **1. suspect**　③ **2. doubt**
彼は私に事実を言わなかったのではないかと思う。

■ that 節以外がつづく例を学ぼう
以上が suspect と doubt の基本的な違いになります。つづいて、大学入試では上級レベルに相当する応用問題を解いてみましょう。

次の英文のカッコ内に入るものを選びなさい。
【問題 2】
He was suspected (　　) stolen the merchandize.
1. for being　　2. to being　　3. from having　　4. of having

【問題 3】
Some people fear that World War III may break out soon, but I (　　).
1. am afraid it will　　　　2. doubt if it will
3. think if it does　　　　4. wonder that it does

（平成 2 年度センター試験）

---

suspect と doubt は、直後に that 節以外も取ります。
〈suspect 人 of ～〉で「人 を～について疑う／人 が～したのではないかと疑う」という意味になります。ちなみに、この of は「関連の of」と呼ばれ、「～について」の意味です（次ページの表を参照してください）。
The police **suspect** him **of** murder. なら、「警察は彼に殺人の疑いをかけている」という意味になります。「(犯罪について) 疑う」という意味です。
　この点を踏まえて【問題 2】を見ると、〈suspect 人 of ～〉の受動態〈人 is suspected of ～〉になっています。**正解は、4. of having** です。

《正解・和訳》
【問題 2】　**4. of having**

彼はその商品を盗んだと嫌疑をかけられた。

　doubt については、もう少し説明します。doubt if / whether 〜で「〜かどうか疑問に思う」という意味になります。I doubt if he is rich. なら「彼がお金持ちかどうかは疑わしい」という意味です。

　通常、doubt の解説はここまでですが、もう少し掘り下げてみましょう。doubt if / whether 〜の if / whether を「50%、半々」と理解することをオススメします。つまり **doubt if / whether は「確信がない」**のです。たとえば、I ***doubt if / whether*** things will change that much. は「事態がそれほど大きく変わるか疑問だ」ということです。それに対して、**doubt that 〜は「〜ではないと思う」**という意味で、否定の内容をはっきり「**断定**」しています。したがって if / whether ではなく、「断定」を表わす that 節を使うわけです。

　したがって【問題3】の**正解は、2. doubt if it will** になります。前半は「第3次世界大戦が勃発するかもしれないと恐れている人たちもいる」という意味です。正解のあとの省略を補うと、... but I doubt if it (= World War III) will break out soon. となり「それ（第3次世界大戦）が起きるかどうか、私には疑わしい」という意味になります。

　ほかの選択肢も見てみましょう。1. am afraid it will だと逆接の but の前後で、意味がつながりません。3. think if it does の問題点は、think の直後に if は使えないことです。4. wonder that it does は、does という現在形が誤りです。これでは「（つねに）戦争が起きることに驚く」という意味になり、明らかに文脈に反します。

《正解・和訳》
【問題3】 2. doubt if it will
　　　　　第3次世界大戦が勃発するかもしれないと恐れている人たちもいるが、それは私には疑わしい。

　最後に、suspect と doubt の用法を表にまとめておきます。

	suspect	doubt
that 節	suspect that 〜 = think that 〜	doubt that 〜 = don't think that 〜
その他の語法	suspect 人 of 〜 「人を〜について疑う・ 人が〜したのではないかと疑う」	doubt if [whether] 〜 「〜かどうか疑問に思う」

「勝つ」を表わす動詞を区別しよう

　ここでは「勝つ」という意味の動詞を取り上げます。「勝つ」と言えば win が最初に頭に浮かぶと思いますが、この動詞は、入試の英文だけでなくスポーツや芸術関連の記事を読む際にも大変重宝します。たとえば、選手が試合に「勝つ」、メダルを「獲得する」、芸術家が賞を「受賞する」などに win がもっとも一般的に使われます。しかし、この動詞をきちんと理解している人は、意外に多くはないようです。まずは基本を確認しましょう。

《win が持つさまざまな意味》
① （勝負に）勝つ
② （物を）勝ち取る
③ （人気などを）得る
④ ［自動詞用法として］勝つ

■ get のイメージでとらえる
　win でよく使われるのは④の自動詞よりも、①～③の他動詞です。つまり、win の直後に目的語となる名詞が来る用法のほうがよく用いられます。ほとんどすべての辞書が、上記のように、細かく意味を分けていますが、win は get（得る）の意味を含んでいることを押さえてください。単純に言えば、**"win = get"** と考えればよいのです。
　それを踏まえて、例文を見ていきましょう。

①「（勝負に）勝つ」： Our team *won* the game.
（われわれのチームはその試合に勝った）
②「（物を）勝ち取る」： She *won* the first prize in the speech contest.
（彼女はスピーチコンテストで1等賞を獲得した）
③「（人気などを）得る」： He *won* fame and fortune.
（彼は富と名声を得た）

　①～③のすべての win（won）を get（got）のイメージでとらえると、win の

意味がより明確になります。

①の **win** a game は「試合に勝つ」という意味ですが、「試合を制する」という訳のほうが win a game に近いイメージです。「チャンピオン・フラッグをかけた試合に勝つ」といった感じです。ほかにも、**win** an election（選挙に勝つ）、**win** an argument（議論に勝つ）なども同様に「制する」というイメージで理解できます。

②と③は、get の意味とぴったり一致します。特に②の **win** a prize（受賞する）は英語のニュース記事でも頻出します。また、③は英字新聞などで以下のように使われます。

With their unique blend of Japanese enka and American country music, the music band has *won* a following overseas. （日本の演歌とアメリカのカントリー音楽を独自にブレンドし、あのバンドは海外の支持者を得た）

The clothing designer *won* global recognition after his success at the Milan Fashion Show. （あの服飾デザイナーは、ミラノ・ファッションショーで成功し、世界で認められた）

win a following は「支持者を獲得する」、**win** global recognition は「世界中の認識を勝ち取る」⇒「世界で認められる」という意味で、2つの win は get と解釈することができます。following は「支持者」のことで、The singer has a large following.（その歌手には大勢のファンがいる）のように使われます。

■「勝つ」という意味のそのほかの動詞

「レースに勝つ」は win a race ですが、「人に勝つ」と言いたい場合、win の目的語を人にするのは誤りです。このような場合、win の代わりに使えるのが **beat** と **defeat** です。

beat は bat（野球のバット）と同じ語源を持つ単語で、辞書にも最初の語義として「打つ、たたく」という意味が載っています。また、この「打つ」が転じて、「（心臓が）鼓動する」や、名詞で「（音楽の）ビート・拍子」という意味にもなります。

〈S（主語）＋ beat ＋ O（目的語）〉は、「S は O をたたく」⇒「S が O を打ち負かす」⇒「S が O に勝つ」の意味になるわけです。つまり「S が勝って、O が負ける」ということですね。

また、defeat も beat と同じ用法になります。**"beat ＝ defeat"** です。以下に、beat と defeat の例をそれぞれ挙げます。

Last year the Stars *beat* the Badgers 4-2. （昨年、スターズは 4-2 でバッジャーズをくだした）

The Lions *defeated* **the Swallowtails by a score of 5-1 to win national baseball championship.** (ライオンズはスワローテールズを5対1でくだし、全国野球選手権で優勝した)

■「勝者」と「敗者」を判別する

では、beat と defeat の用法を問う入試問題に挑戦してみましょう（英文中の Zuzu と Duke は犬の名前です）。

> 【問題】次の英文の意味する内容にもっとも近いものを1～4から1つ選びなさい。
> Zuzu would have been no match for Duke in a fight.
> 1. Zuzu would not have been a good friend of Duke's.
> 2. Zuzu and Duke would always fight with each other.
> 3. Zuzu would have defeated Duke in a fight.
> 4. Zuzu would have been easily beaten by Duke in a fight.

最初の英文にある match は名詞で「対等の人・物」という意味です。be no match for ～の形で使われると、「～にかなわない」という意味になります。選択肢で迷うのが3. と4. でしょう。それぞれ defeat と beat が使われていて、4. では beat が受動態になっています。〈勝者 beat 敗者〉という文の受動態なので、〈敗者 is beaten by 勝者〉と考えれば簡単です。4. の選択肢は Zuzu is beaten by Duke.（**ズズはデュークに負ける**）という文が基になっているので、**正解**になります。3. では Zuzu が勝者になってしまいます。

《正解・和訳》4. Zuzu would have been easily beaten by Duke in a fight.
けんかをしたら、ズズはデュークにとてもかなわなかっただろう。

1. ズズはデュークのよい友だちではなかっただろう。
2. ズズとデュークはいつもけんかしていた。
   ※この would は「過去の習慣・習性」を表わす。
3. けんかをしたら、ズズはデュークを負かしていただろう。

「感謝する」を表わす動詞を区別しよう

本セクションでは、「感謝する」という意味の動詞を取り上げます。まずは入試問題を解いてみてください。

【問題1】次の英文のカッコ内に入るものを選びなさい。
　See you, and thank (　　).
　1. your calling　　2. calling you　　3. you on calling　　4. you for calling

【問題2】次の英文のカッコ内に入るものを選びなさい。
　Without your advice, I couldn't get such a magnificent achievement. I truly (　　) your kindness.
　1. please　　　2. thank　　　3. appreciate　　　4. postpone

【問題3】次の英文の下線部の中で誤っているものを1つ選びなさい。
　① I would ② appreciate very much ③ if you could teach me ④ how this software works.

■ thank と appreciate の違いは?

「感謝する」を意味する代表的な動詞が **thank** と **appreciate** です。まずは、この2つの動詞の用法の違いを確認しておきましょう。

---

① thank 人 :「人 に感謝する」
② appreciate 物 :「物 に感謝する」

---

　thank のあとには 人 が来ます。これは Thank you. を知っていれば問題ないですね。それに対して、**appreciate** のあとには通例 物 が来ます。appreciate の原義は「～に価格をつける」です（preci の部分は price「価格」という意味です）。値段をつける対象はあくまで 物 であって、人 ではありません。したがって、目的語には 物 が来るわけです。物 と言っても、実際は ***appreciate*** your kindness（あなたの親切に感謝する）や ***appreciate*** her cooperation（彼女の協力に感謝する）のように、「**行為**」が一般的です。

■ 丁寧表現で使われる典型パターン

　では、もう少し詳しく appreciate の用法を見ていきましょう。I *appreciate your kindness.* は、「あなたの親切に感謝します」という意味です。また、I would appreciate it if ...（もし…してくれたら、それに感謝するのですが）という構文もよく使われます。感謝する行為を it で漠然と示し、if 以下で詳しく述べるわけです。たとえば、*I would appreciate it if* you didn't use your cellphone.（携帯電話を使わないでいただけるとありがたいのですが）を直訳すれば、「もしあなたが携帯電話を使わなければ、そのことに私は感謝することになるでしょう」となります。would が仮定法（また、if 節の動詞 didn't も仮定法過去）なので、「あくまで仮の話ですが」というニュアンスが入り、直接相手をとがめない丁寧な言い方になります。

■ Thank you ＋ for で英語らしくなる！

　ここでもう一度 thank に戻って補足説明をします。thank といえば、thank 型（〈thank 人 for 〜〉：Thank you for your attention.［ご静聴ありがとうございました］）の用法がありましたね（「『thank 型』の動詞と for の関係」[131 ページ]）。日本語と比べて、英語のほうが感謝する対象を詳述する傾向が強いようです。日本語では単に「ありがとう」と言うだけで、何に対しての感謝なのか「察する」ことも多いのですが、英語では Thank you. のあとに for を付けて、感謝の「理由」を述べるのが一般的です。

　この for は「理由」を表わします。会話でも、Thank you. で終えずに、Thank you for ... の形で表現できれば、自然な英語になります。もし感謝する事柄が多くて、具体的に挙げるのがむずかしいなら、**Thank you for everything.**（いろいろありがとうございました）という便利な言い方もあります。

　以上を踏まえて、冒頭の問題の正解を考えていきましょう。

　【問題 1】**正解は、4. you for calling** です。〈thank 人 for 〜〉の形になっていますね。

　【問題 2】**正解は、3. appreciate** です。空所直後の your kindness に注目してください。

　【問題 3】**正解になる誤った箇所は、2. appreciate very much** で、appreciate の目的語がありません（very much は副詞なので、appreciate の目的語にはなりません）。it を入れて appreciate it very much に修正します。

《正解・和訳》
【問題 1】　4. you for calling
　　　　　　じゃあね、電話してくれてありがとう。

【問題2】 3. appreciate
もし君の助言がなかったら、こんないい結果は出せませんでした。君の親切に本当に感謝しています。

【問題3】 ② appreciate very much
このソフトはどのように動くか教えていただけますと幸いです。

■ appreciate の「核」をつかむ

本セクションのテーマからは少し脱線しますが、appreciate はいわゆる多義語で、主要な意味だけでも「感謝する」以外に、「正しく理解する」「正しく評価する」「鑑賞する」という意味があります。これらの意味も丸暗記に頼らず攻略していきましょう。

では、以下の問題を解いてみましょう。

【問題4】次の英文のカッコ内に入るものを選びなさい。
To (　) something means to know its value or good qualities.
1. appreciate　2. predict　3. advertise　4. provide
（平成15年度センター試験）

すでに述べたとおり、appreciate は「価格をつける」が原義なので、そこから「(人の行為を) 正しく評価する⇒感謝する」「(価格をつけて) 正しく理解する」「(価格をつけて) 正しく評価する」「(人の作品を) 正しく評価する⇒鑑賞する」となります。

appreciate の意味を問うのが【問題4】です。**正解は、1. appreciate** で、to know its value or good qualities と定義されています。日本語に訳せば、「正しく評価する（良さがわかる）」といった感じです。

《正解・和訳》1. appreciate → appreciate it very much
何かを正しく評価するのは、その価値や優れた性質がわかるということである。

大学入試で問われる search

　ここでは、動詞の search の語法を取り上げます。まずは入試問題を解いてみてください。

【問題１】次の英文の適切な場所に英単語を１語補って正しい文にしなさい。
While I was in the library searching information about England, I found a travel guide written many years ago by my grandfather.

【問題２】次の英文のカッコ内に入る適語を選びなさい。
John has been (　　) the ID card he lost yesterday.
1. discovering　　2. finding out　　3. looking for　　4. searching

（平成９年度センター試験）

■ for の真髄は「方向性」

　search という動詞は前置詞の for とセットで使われることが多いので、まずは for を説明します。for の核心は「～に向かう」という「方向性」です。for といえば「～のために」という意味がすぐに思い浮かびますが、これは「気持ちが～に向かって」⇒「～のために」となっただけで、for が本来持っている「方向性」にほかなりません。

　たとえば、leave Tokyo **for** Osaka なら「東京を離れ、大阪のほうへ向かう」という意味です。present **for** you の意味は「あなたのためのプレゼント」ですが、その根底にあるのは、「あなたに向かうプレゼント」であることを押さえておきましょう。さらに、for は、「気持ちが～に向かって」⇒「～に賛成して」という意味にもなります。I'm all **for** it! は「それに大賛成」という意味で、all は for it を強調しています。

■ 基本形と変形を考察する

　for の「気持ちが向かう」という性質は、「**～のために**」、さらには「**～を求めて**」という意味に発展します。

> prepare *for* the exam（試験に気持ちが向かう）⇒「試験の**ために**勉強する」
> ask *for* help（助けに気持ちが向かう）⇒「助け**を**求める」

　前置詞の for をともなう動詞はたくさんありますが、大学入試では search と結びついてよく出題されます。それでは、本題の search について見ていきましょう。この語の用法を以下にまとめます。

《search の語法》

> 基本形：search 場所 for 物「場所 で 物 を探す」
> 変形①：search for 物「物 を探す」
> 変形②：search 人「人 の体を調べる」

　まずは search の基本形である〈search 場所 for 物〉をしっかり覚えてください。
　ask for help のように「方向性」の for は「～を求めて」と解釈できるので、for のうしろには「探している物」が来ます。He ***searched*** the house ***for*** his cellphone. なら、「彼は家の中で携帯電話を探した」となります。
　つづいて、この構文を少し変形すると、The police ***searched for*** him.（警察は彼を探した）となり、さらに変形すると、The police ***searched*** him. となりますが、後者の The police ***searched*** him. の意味はおわかりでしょうか？　これは「警察は彼を探した」ではありません。それでは前者 The police ***searched for*** him. と区別がつきません。
　そこでもう一度、基本形をよく見てください。search の直後には 場所 がくるはずですよね。ところがその位置に him があるということは「him が 場所 扱い」されているのです。
　もう１つヒントです。The police ***searched*** him. には〈for 物〉という要素が入っていませんが、それを補い、その上で、The police ***searched*** him ***for*** drugs. といった文を考えてみてください（この文の drug は「麻薬」という意味です）。直訳すれば、「警察は麻薬を求めて、彼という場所を探した」となります。これでわかりましたね？　英文は「警察は彼が麻薬を所持していないかどうか、ボディチェックをした」という意味なのです。この文から for drugs を削除すれば The police ***searched*** him. となり、「警察は彼の体を調べた」と解釈できるわけです。

　では、search の語法が理解できたところで、冒頭の問題の正解を考えてみましょう。

【問題1】searching の**直後に for を入れる**と正しい英文になります。つまり、図書館でイギリスに関する情報を「探して、求めて」とするためには、前置詞 for が必要になります。

【問題2】**正解は、3. looking for** です。look for ～（～を探す）という熟語自体は簡単ですが、4. searching が気になるかもしれません。ただし、search the ID card とすると、the ID card が 場所 扱いになってしまうので、「カードをじっと見て（何かを探す）」という意味になり、ここでは不可です。***search* the ID card *for* a scratch**（きずがないかどうかカードをよく見る）なら問題ありません。

〈search for 物〉≒〈look for 物〉なので、もし選択肢に、searching for があれば正解になります。

《正解・和訳》
【問題1】 searching の直後に for を入れる
　　　　　図書館でイギリスに関する情報を探していたところ、何年も前に祖父が書いた旅行ガイドを見つけた。
【問題2】 3. looking for
　　　　　ジョンは昨日失くした ID カードをずっと探している。

■「ざっくりとそっちのほうへ」の for
　最後に少し細かい補足をします。for の核心は「方向性」という説明をしました。要するに**「～のほうへ向かう」**であって、必ずゴールに到達するかどうかは示唆しません。present *for* you も、プレゼントはまだ you に到達してはいないわけです。相手が目の前にいれば、もちろん数秒で you に届くでしょうが、"This is a present *for* you. I hope you (will) like it." と言った時点では、まだゴールの you に達していません。

　to はゴールに「到達」する前置詞ですが、for はゴールに到達するかどうかわかりません。また、at には「一点を目がけて」というパワーが感じられますが、for は**「ざっくりとそっちのほうへ」**といったイメージの前置詞なのです。

訳語では理解できない動詞

　本章の最後に、「意味を知っているようで、実はよくわかっていない動詞」を取り上げます。まずはクイズ感覚で問題を解いてみてください。

【問題1】最後に残ったのは、　① 生花、　② 造花、どっち？
We replaced a fresh flower with an artificial flower.

■ replace の新しい覚え方

　replace という動詞は、「取って代わる」や「取り換える」と訳されるだけで終わってしまうことがほとんどです。確かに、単語テストならそれで十分なのかもしれませんが、実際の英文では、***replace* A *with* B** といった形で見かけることが多く、その場合は「結局 A と B のどちらが手元に残るのか？」ということがすぐに理解できないと、その英文を理解したとはいえません。
　まずは replace がよく取る形を確認してみましょう。

《replace の語法》

① S replace O as 〜：「〜として、S が O の代わりになる」
② S replace A with B：「S は、A をやめて B にする」

　replace に関しては、訳語の「取って代わる、取り換える」を暗記するのではなく、思い切って「**取りのぞく**」というイメージを持ってください。つまり、replace の直後に来る単語（目的語）を「なくす」と考えるわけです。*Oxford Advanced Learner's Dictionary* で replace を調べると、以下の記述があります。

- to *remove* somebody or something and put another person or thing in their place（誰かや何かを取りのぞき、ほかの人や物をそこに置くこと）
- to *change* something that is old, damaged, etc. for a similar thing that is newer or better（古いものや、壊れたものを、それに似た、新しい、よりよいものに変えること）

　（※イタリックは著者）

remove や change という単語がありますね。remove はズバリ「取りのぞく」という意味ですから、**replace ＝ remove もしくは change** と考えれば、replace の直後にある単語が「なくなる」わけです。

それを踏まえて、もう一度 replace をとらえ直してみましょう。

> ① S replace O as 〜 :「S は O をなくす、〜として」⇒「〜として、S は O の代わりになる」（結局「S が残り、O が消える」）
> ※〈V（動詞）A as B〉の形は原則「A を B とみなす」という意味になるが、replace は例外（「『regard 型』の動詞と as の関係」[151 ページ]）。
> ② S replace A with B :「S は A をなくし、B を手に持つ」⇒「S は、A をやめて B にする」（with は「付帯（〜を持って）」を表わす。結局「A をなくして、B が手元に残る」）

では【問題1】を考えてみましょう。英文は replace A with B の形をしていますので、最後に手元に残るのは with 以下の an artificial flower で、**②造花**ということになります。

《正解・和訳》② **造花**
　　　　　私たちは生花をやめて、造花にした。

■ exchange は「交換する」でいいのか？
　replace のように、訳語を覚えるだけでは、実際の英文の意味がわからない動詞はほかにもあります。次の問題にチャレンジしてみましょう。

> 【問題2】最後に残ったのは、　①ドル、　②円、どっち？
> 　I exchanged dollars for yen.

　今度は **exchange** です。exchange は ***exchange* A *for* B ＝「A と B を交換する」**と暗記するだけですますせてしまっている人がほとんどではないでしょうか？　それではこの問題には答えられませんよね。

　Collins COBUILD Advanced Learner's Dictionary という辞書で exchange を引くと、とても興味深い説明があります。

1. **If two or more people exchange things of a particular kind, they *give them to each other at the same time.*** （2人以上の人がある物を交換すれば、それをおたがいに同時に与えることになる）
2. **If you exchange something, you *replace* it with a different thing.** （何かを交換すれば、それを違うものと置き換えることになる）

（※イタリックは著者）

　この辞書では、exchange をこのように give や replace で表現しています。
　replace の直後の名詞は「なくなる」のでしたよね。よって exchange A for B は**「A をなくして B を手にする」**ということなのです。そしてこの for は「交換、取引」を示して、「…と引き換えに」の意味で使われます。たとえば、Will you give me your watch *for* my radio?（君の腕時計を僕のラジオと取り替えないか）のように用いられます。
　したがって、【問題2】の I *exchanged* dollars *for* yen. という英文では、手元に残るのは、②円、ということになります。和訳に示したように、「私はドルを手放して円を手に入れた」と考えると、すんなりと理解できるでしょう。

《正解・和訳》② 円
　　私はドルを手放して円を手に入れた。

■ substitute はどう考える？
　最後にもう1問解いてみましょう。

【問題3】使ったのは、　①マーガリン、　②バター、どっち？
　We substituted margarine for butter.

　substitute という動詞も、やはり「代用する」という訳語だけでは、実際に英文を読む時に混乱する可能性があります。***substitute* A *for* B** の形で「A で B を代用する」という意味になるのですが、いちいち日本語に置き換えて理解するのではなく、ズバリ **"substitute = use"** と考えてみてください。
　***substitute* A *for* B** は「B の代わりに A を使う」という意味で、結局「A を使う」と理解すればいいのです。for B と「方向性を表わす for」があるので、確かに気持ちの中では B を求めているわけですが、「B が手元にないからしぶしぶ A を使う」というのが、substitute A for B のイメージになります。
　Oxford Advanced Learner's Dictionary で substitute を引くと、以下の記述があり

ます。

to *use* somebody or something instead of somebody or something else

（誰かや何かの代わりに別の誰かや何かを使う）

（※イタリックは著者）

　この辞書ではズバリ use が使われていますね。
　したがって、【問題3】の We ***substituted*** margarine ***for*** butter. という英文では、実際に使ったのは、①**マーガリン**、となるわけです。

《正解・和訳》　①　**マーガリン**
　　　　　　私たちは、バターの代わりに、マーガリンを使った。

　ここで扱った動詞は、文法問題だけでなく、長文問題でも「下線部はどのようなことを言っているか？」といった形で意味を問われることがよくあります。ただ訳語を覚えるだけでなく、このような「結局どっち？」という視点が必要だとおわかりいただけたと思います。

本書は、『朝日ウイークリー』(Asahi Weekly[朝日新聞社])に2011年4月10日号から2015年3月23日号まで連載された「丸暗記不要の英文法」を元にして、編集、刊行いたしました。書籍化にあたっては、各章の問題を差し替えたほか、大幅な加筆・修正を行ないました。

おわりに

　本書は、さまざまな「縁」で出版することができました。

　私の単著第1作目となった英文法の本を、週刊英和新聞『朝日ウイークリー (Asahi Weekly)』の編集者である和田明郎さんが読んでくださったことから、同紙で大学受験の英文法をテーマにした連載を2011年4月から始めさせていただくことになりました。その連載「丸暗記不要の英文法　Grammar without tears」はおかげさまで好評を博し、4年もつづくことになりました。

　書籍化を望む読者の声も多数いただき、和田さんにその相談を持ちかけたところ、ちょうどよいタイミングで、同じことを考えていた研究社の金子靖さんをご紹介いただきました。

　本書は、金子さんの編集のもと、100回近い連載の中から、特に英文法・語法に関する大学入試の重要項目を選び出し、それを大幅に加筆・修正して完成しました。和田さん、金子さん、そして研究社で金子さんとともに編集作業をすすめてくださった高見沢紀子さんに、あつく御礼申し上げます。

　研究社から出版させていただくのは本書が初めてですが、私の人生は20年以上前から研究社に大きな影響を受けています。高校入学時に、数ある英和辞典の中から選んだのは、『ライトハウス英和辞典』でした。それを文字どおりボロボロになるまで使いこみました。辞書の持ち込みが許可されている慶應義塾大学文学部の入試で試験会場に持っていったのも、この『ライトハウス英和辞典』です。

　そして受験生時代、英語の構造の美しさに開眼できたのは、やはり研究社の『英文解釈教室』（伊藤和夫著）のおかげです。この本と出会わなければ、私は英語を教える仕事をしていなかったと言っても過言ではありません。

　さらに受験生時代に出会った『ハイベーシック英熟語』（永田達三著）のおかげで、前置詞の奥深さにも目覚めました。

　このように私の英語人生においてつねに大きな影響を受けている研究社から、こうして本書を刊行できたことに、大きな喜びを感じています。

本書の読者のみなさんには、英文法の楽しさを実感しつつ、受験勉強や試験対策を効果的に進めていただきたいと願っております。私が研究社の刊行物に限りない信頼と愛着をいだいてきたように、みなさんも本書を英語学習の生涯の友として活用してくださるようなことがあれば、著者としてこれほどうれしいことはございません。

2015 年 5 月
関　正生

関 正生（せき　まさお）

　1975年7月3日東京生まれ。埼玉県立浦和高校、慶應義塾大学文学部（英米文学専攻）卒業。TOEICテスト990点満点取得。リクルート運営のオンライン予備校「受験サプリ」講師。オンラインレッスン「資格サプリ」でもTOEIC対策を担当。

　過去に在籍した予備校では、超人気講師として活躍（250人教室満席、朝6時から整理券配布、立ち見講座、1日6講座［1講座200人定員］すべて満席）。

　著書に『世界一わかりやすい英文法の授業』『世界一わかりやすい　英文法・語法の特別講座』『世界一わかりやすい　英文読解の特別講座』『世界一わかりやすい　早稲田の英語合格講座』『世界一わかりやすい　慶應の英語　合格講座』『世界一わかりやすい英語の勉強法』『世界一わかりやすいTOEICテストの授業[Part1-4 リスニング]』『世界一わかりやすいTOEICテストの授業[Part 5&6 文法]』『世界一わかりやすいTOEICテストの授業[Part 7 読解]』（以上、すべてKADOKAWA／中経出版）など多数あり、累計75万部（一部は韓国・台湾でも翻訳出版中）。

　また、週刊英和新聞『朝日ウイークリー』（朝日新聞社）で英語コラムを連載中。

　NHKラジオ講座『入門ビジネス英語』（NHK出版）での連載、英語雑誌『CNN ENGLISH EXPRESS』（朝日出版社）、『NHK英語でしゃべらナイト』（主婦の友社）などでの特集記事執筆、『PRESIDENT』などビジネス雑誌の英語特集の取材も多数。

　TSUTAYAではDVD版授業23タイトルレンタル中（全作品週間1位を獲得）。『世界一わかりやすい英語の授業』1〜3、『世界一わかりやすいTOEICテストの授業 文法・読解』ほか、DVD box 7作。

　オンライン英会話スクールhanaso（株式会社アンフープ）での教材監修など、英語を学習する全世代に強力な影響を与えている。

英文校正
Peter Serafin

丸暗記不要の英文法

● 2015年6月9日　初版発行 ●
● 2016年2月26日　3刷発行 ●

● 著者 ●

関　正生

Copyright © 2015 by Masao Seki

発行者　●　関戸雅男
発行所　●　株式会社　研究社
〒 102-8152　東京都千代田区富士見 2-11-3
電話　営業 03-3288-7777（代）　編集 03-3288-7711（代）
振替　00150-9-26710
http://www.kenkyusha.co.jp/

KENKYUSHA

装丁　●　久保和正
組版・レイアウト　●　mute beat
印刷所　●　研究社印刷株式会社

ISBN 978-4-327-76482-1 C7082　Printed in Japan

価格はカバーに表示してあります。
本書のコピー、スキャン、デジタル化等の無断複製は、著作権法上での例外を除き、禁じられています。
また、私的使用以外のいかなる電子的複製行為も一切認められていません。
落丁本、乱丁本はお取り替え致します。
ただし、古書店で購入したものについてはお取り替えできません。